Christine Swientek

Mit 40 depressiv, mit 70 um die Welt

HERDER / SPEKTRUM

Band 4010

Das Buch

Mit 40 depressiv, mit 70 um die Welt – darin bündelt sich die Lebenserfahrung vieler Frauen. Die Lebenswende im Alter um die vierzig ist ein einschneidendes Erlebnis. Sie verbindet sich mit Träumen, Sehnsüchten und Hoffnungen, aber auch mit Verlusterlebnissen, dem Abschied von den Kindern, Veränderungen in der Partnerschaft und ersten Erfahrungen des Alterns. Christine Swientek läßt Frauen zu Wort kommen, die diese Veränderungen nicht als Schicksal beklagen, sondern als Chance ergreifen. Hautnah und ungeschminkt erzählen sie von ihren Erlebnissen und Erfahrungen, von der Last, aber auch der Lust des Älterwerdens. Das Älterwerden kann man gestalten, so die Überzeugung dieser Frauen, aber man muß früh genug damit anfangen. Ihre praktischen Anregungen, die Lebenskrise zu meistern, konkrete Informationen zur Lebensgestaltung und zum gesellschaftlichen Engagement prägen dieses glaubwürdige und lebendige Buch. Es lohnt sich, die Initiative zu ergreifen und neue Lebensperspektiven zu gewinnen.

Die Autorin

Christine Swientek, geb. 1943, ist Erziehungswissenschaftlerin und Professorin an der Universität Hannover. Zahlreiche Veröffentlichungen zu Frauen-Themen. Bei Herder/Spektrum schrieb sie das Nachwort zu: Marianne Arlt, Pubertät ist, wenn die Eltern schwierig werden. Tagebuch einer betroffenen Mutter (Band 4100). Wer sagt mir, wessen Kind ich bin? Von Adoption Betroffene auf der Suche (Band 4163); Mal sehen, was das Leben noch zu bieten hat. Das fünfzigste Jahr oder die bessere Hälfte des Lebens (4298).

Christine Swientek

Mit 40 depressiv, mit 70 um die Welt

Wie Frauen älter werden

Herder
Freiburg · Basel · Wien

Gedruckt auf umweltfreundlichem,
chlorfrei gebleichtem Papier

Originalausgabe

10. Auflage

Alle Rechte vorbehalten – Printed in Germany
© Verlag Herder, Freiburg im Breisgau 1991
Herstellung: Freiburger Graphische Betriebe 1997
Umschlaggestaltung: Joseph Pölzelbauer
Umschlagmotiv: Edward Hopper, Cape Cod Morning 1950,
© ART Resource, New York
ISBN 3-451-04010-7

Für UWa und M. S.-K. –
meine beiden Vorbilder
für die nächsten 40 Jahre!

„Das Alter ist nicht ein Rest der
Jugendkraft, sondern ein ganz Neues,
für sich Bestehendes, Großes."
(Käthe Kollwitz)

Inhalt

1. Alle sorgen sich um mein Alter, nur ich nicht

„Sie müssen doch an Ihr Alter denken!"

Wie komme ich – kurze Zeit nach meinem 45. Geburtstag – dazu, über (mein) Alter, Altwerden, Altsein nachzudenken? Ich habe doch gerade erst die Hälfte meines Lebens hinter mir. So ungefähr jedenfalls. Insofern interessiere ich mich für mein Alter überhaupt (noch) nicht! Aber da stehe ich so ziemlich allein da. Ganz offensichtlich haben sich die Computer meiner diversen Finanzpartner darauf geeinigt, mich nun endlich mit ihm zu konfrontieren.

Der erste im Reigen war der Computer meiner staatlichen Rentenversicherungsanstalt. Unaufgefordert hat er mir Seite um Seite ausgedruckt mit Arbeits-, Ausfall- und Ersatzzeiten und bittet mich nun unmißverständlich, die Angaben innerhalb von vier Wochen zu überprüfen, damit es später bei der Berechnung meines Altersruhegeldes nicht zu Komplikationen käme. Altersruhegeld, denke ich – und lege den Umschlag zu den Akten. Da habe ich noch zwanzig Jahre Zeit, wenn nicht länger – denn die Mär geht um, daß 65 Jahre zu jung sein werden, sich aus dem Berufstrott zurückzuziehen und die Früchte des Lebens zu genießen.

Als nächstes meldet sich meine Bausparkasse. Ich habe doch dort noch was liegen ... und wie ich denn nun mit dem Geld verfahren wolle? Da es sich um einen Minivertrag von 20 000,– DM handelt, mit dem ich gar nichts werde anfangen können, sage ich, den würde ich mir dann zu gegebener Zeit auszahlen lassen und davon eine Sause machen. Der Berater ist entsetzt! „Sie müssen doch auch an Ihr Alter denken!" ruft er in die Telefonleitung.

Muß ich das? Wieviel Alter bekomme ich denn für die dann

auszuzahlenden 8000,– DM? Er fühlt sich nicht ganz ernst genommen und erläutert mir die diversen Kombinationspackungen, die mich dann im höheren Alter nicht im Regen stehen lassen würden.

Ich winke ab. Regen in zwanzig Jahren interessiert mich nicht sonderlich. Und ob er mir denn die absolute Garantie geben könnte, daß daraus dann auch was würde? „Eine absolute Garantie gibt es nicht", sagt er, versucht es noch mit weiteren Zukunftsrechenkunststücklein und verzieht sich dann resigniert aus der Leitung mit dem liebevollen Hinweis, ich könne in dieser Sache jederzeit auf ihn zurückgreifen.

In Anbetracht meiner permanent desolaten Berufssituation – von Kurzzeitvertrag zu Kurzzeitvertrag – habe ich im Laufe meiner Berufstätigkeit so viel Geld angespart, daß ich mit Sohn davon etwa ein Jahr leben könnte. Bei Pellkartoffeln mit Magerquark noch ein paar Monate länger. „Aber wenn sie dann eine feste Stelle bekommen sollten", berät mich mein Bankbeamter, „dann müssen wir ein ausgewogenes Konzept für die Alterssicherung besprechen. Wir haben da sehr schöne Angebote mit fünfzehn und zwanzig Jahren Laufzeit …"

„Nee", sage ich, „das Geld will ich dann verbraten, endlich mal nicht auf den Pfennig gucken, nicht jede müde Mark zur Kasse schleppen. Ich will auch mal das nutzen, wofür ich täglich schufte!"

„Aber die Sicherung im Alter … und denken Sie doch nur an die Rentenreform, was die uns bringen wird … da muß man doch ein Polster haben …"

Auch er sorgt sich mehr als ich selber. Und bei all diesen Versuchen, mein Geld fruchtbringend (zunächst für die Banken und dann) für mich anzulegen, denke ich an unsere Elterngeneration, die auch vorgesorgt hatte: Der bezahlte, aber nie ausgelieferte VW wurde in Panzer umgestaltet, das Baugrundstück lag plötzlich weit hinter der neuen Grenze, von einem Bausparvertrag war keine Rede mehr und die Zusatzrente (ohne dynamische Steigerung) war nur

10

noch ein Taschengeld wert, als sie dann endlich ausgezahlt wurde.

Da bin ich doch zu sehr gebranntes Kind ... und außerdem ist mir mein Alter doch noch ein bißchen zu fern.

Dieses Problem hat meine Anstellungsbehörde nicht. Auf Anfrage wird mir Kunde, daß ich noch bis 45 verbeamtet werden könne, danach sei ich zu alt dafür. „Ich bin aber schon 45!" – „Ja, dann ist das vorbei. Das tut uns leid!"

Zur gleichen Zeit halte ich (zum x-ten) Mal Ausschau nach einer Alternative, falls dieser nun endgültig mein letzter Zeitvertrag sein sollte. Ich habe tausend Ideen, Lust zu vielem, aber mit einem habe ich nicht gerechnet: damit, daß ich wohl noch ein weiteres Studium an einer deutschen Universität absolvieren könne – jedoch in dem von mir bevorzugten Fach nur ohne Abschluß. Warum? „In unserem Fach können Senioren keinen Abschluß machen, das würde die Studentensituation zu sehr verschärfen!"

„Sen. ...., was?" „Senioren!" – „Ich bin 45 und nicht 65!" – „Das habe ich wohl verstanden! Aber Sie können doch nicht mehr wie eine junge Studentin studieren!" – „Und warum nicht?" – „Ja, warum wollen Sie das denn?"

An diesem Punkt hat es erstmals einen Ruck in mir gegeben. Da tut sich plötzlich ein Abgrund auf, über den zu springen mir auch mein Fleiß, meine Beziehungen, meine Kreativität und Spontaneität nichts nützen! Ich kann für alle möglichen Institutionen alle möglichen Bedingungen erfüllen, aber jünger machen kann ich mich nicht. Allenfalls einen Standesbeamten bestechen – aber wer tut das schon?

Fürwahr – das Thema schein akut zu werden. Vom „Seniorenstudium" erzähle ich meinem 11jährigen Sohn mit einem Nun-stell-dir-mal-vor-Unterton. Er blickt mich lange von der Seite an und sagt dann: „Naja, jung biste ja nun wirklich nicht mehr. Wir haben uns vor kurzem in der Schule erzählt, wie alt unsere Eltern sind. Und da habe ich nichts gesagt, weil ich mich so geschämt habe! 45 und 49! Margrits Eltern sind 29 und 30! Und ihr! Das kann man ja niemandem sagen!"

Ich lache schallend, und mein Sohn ist gekränkt. Dann erinnere ich mich, daß ich meine Eltern auch immer peinlich alt fand – obwohl sie im Verhältnis zu mir doch noch jünger waren als ich zu meinem Sohn.

Es scheint mich zu verfolgen: Ich sitze im Arbeitsamt. Prophylaktisch! Mal nachfragen, vorfühlen, das Terrain sondieren. „Was können Sie mir anbieten, wenn mein Vertrag nicht verlängert wird?" – „Wie alt sind Sie? 45? Das tut mir leid, wenn Sie da selber nichts finden ..." – „Ich laß' mich auch umschulen. Ich bin da flexibel und habe auch Lust, noch mal was anderes zu machen!" Er sieht mich zweifelnd an und zählt dann auf, warum was für mich nicht mehr in Frage kommt: die Therapeuten-Ausbildung findet erst wieder in zwei Jahren statt, außerdem 200 km entfernt. Die Berater-Lehrgänge sind auf Jahre ausgebucht. Fürs Kaufmännische würde ich mich doch sicher nicht interessieren? (Nicht unbedingt!) Und für die Datenverarbeitung sei ich zu alt! Wieso zu alt? Da kämen nur noch Leute bis Vierzig rein! Warum? Ihm wird es etwas peinlich, aber er spricht's aus: weil die da eben nicht mehr folgen könnten! Und die können nicht wegen ihres Alters folgen? Ja, genau! Aber es gäbe doch sicher auch Ausnahmen!? Könne er sich nicht vorstellen! Im Alter nähme die Intelligenz doch ziemlich ab! Das ist nicht nur ein Gerücht, sondern schlicht falsch – aber ich will's jetzt wissen. „Meinen Sie, daß bei mir die Intelligenz schon abnimmt?" Ihm wird noch mulmiger, aber er hält sich tapfer: „Das weiß ich nicht! Immerhin sind Sie ja schon über 45! ... Und da kann man halt doch nicht mehr so, wie man möchte!" Nun bin ich aber von den Socken! „Ich habe mich gerade erst an der Uni habilitiert – das ist noch kein Jahr her!"

Aber auch dieser vermeintliche Schuß ins Schwarze trifft nicht. Obwohl er der Berater für Akademiker ist, weiß er mit „Habilitation" nichts anzufangen! Ich erkläre es ihm – und er staunt ungehemmt über soviel geistige Potenz bei einer so alten Frau. (Er ist ca. zehn Jahre jünger und trägt die tiefen Spuren einer leidvollen Bürokarriere!)

Von diesem Knockout erholt er sich nicht mehr, und ich

gebe auf. Jeder ist seines Glückes Schmied ... aber wieso gibt es für mich vieles „nicht mehr"? Da kann doch etwas nicht stimmen!

Ich werde mich mit dem Alter beschäftigen müssen. Erst mal mit ihm ganz allgemein – dann finde ich vielleicht auch so langsam die Annäherung zu meinem eigenen.

Als erstes frage ich mich, wie „man" sich eigentlich zu fühlen hat, wenn „man" alt wird.

Oder: Wie fühlt „man" sich überhaupt in welchem Alter?

Als ich 13 war, war ich das erstemal verliebt. „Er" war die große, die einzige, die unwiederbringliche Liebe meines Lebens – danach konnte es einfach nichts anderes mehr geben. Und es störte mich ganz fürchterlich, daß alle mich noch wie ein Kind behandelten, wo ich doch schon so liebte (platonisch!) und litt (auch körperlich!). Ich fühlte mich „reif" – zu allem: fürs Leben, für Leid und Liebe. Als ich 18 war, konnte ich mir nicht vorstellen, wie man als Mensch überhaupt je 30 werden konnte! Und wer das überhaupt wollte! Unsere Gruppenleiterin war 29, deren Freundin 39 – das war biblisch! Da letztere verwitwet war, paßte das jedoch: alte Frauen sind nun mal gerne Witwen. Aber ich – 30? Nie!!

In diese Ära – und wohl auch in die entsprechenden Auseinandersetzungen darüber mit meiner Mutter – fiel dann der Satz: „Wer nicht alt werden will, muß sich eben früh aufhängen!" Das fand ich zwar brutal, aber ich dachte, bei mir würde sich diese Frage auf ganz natürliche Weise klären!

Als ich 28 war, begann ich nach fünf Berufsjahren mit meinem zweiten Studium. Ich fand das ganz natürlich – ich brauchte mal eine Berufspause, und ich hatte Lust dazu. Die einzige „Alte" war ich auch nicht – obwohl uns doch schon vieles unterschied von den Abiturientinnen in den gleichen Seminaren. Es war auch nur ein ganz kleiner Abglanz eines flotten Studentenlebens – das hing aber weniger mit meiner Alterswürde als vielmehr mit meiner nebenher laufenden Berufstätigkeit zusammen, die ich in zwei verschiedenen Städten

mit 280 km Entfernung zur Finanzierung dieses Luxus aus-
übte.

Mit 34 Jahren bekam ich mein Wunschkind – im Mütter-
paß stand „späte Erstgebärende", und nur aus diesem Grunde
galt die Schwangerschaft als Risikoschwangerschaft! Und ich
kann noch heute darüber lachen, daß eine andere Kundin, am
Bankschalter vor mir wartend, meinen süßen, blondgelockten
Sohn bestaunte und dann zu mir sagte: „Haben Sie aber eine
niedliche Enkelin!"

An meinem 43. Geburtstag – ich feiere sie alle, gerne und
mindestens 24 Stunden lang! – habe ich meinen Gästen mitge-
teilt, das sei nun die Halbzeit. Ich würde 86 Jahre alt werden
(wollen). Zugegeben: sie waren beeindruckt! Und: Es hob eine
allgemeine Diskussion übers Altwerden an, die im Konsens
fast aller Anwesenden endete, wenn's denn gar nicht mehr
ginge, könne man sich ja jederzeit umbringen! Ich hatte damals noch nicht meinen privaten Alternsforscherinnen-Tick –
sonst wäre ich tiefer eingestiegen!

Kurz nach meinem 43. verliebte ich mich – wieder so un-
sterblich und unwiederbringlich wie dreißig Jahre zuvor!
Ebenso bitter-süß, ebenso „aussichtlos" – aber dann doch mit
dem Riesenvorteil, daß „Er" als sehr viel Älterer mich Mittvierzigerin wie ein junges Mädchen behandelte!

Ja und dann passierte in Sachen Altwerden bei mir so lange
nichts, bis die Computer meinen 45. ausspuckten mit der Wei-
sung, in Sachen Alterssicherung tätig zu werden. Inzwischen
hat auch die Bausparkasse wiederholt bei mir zu intervenieren
versucht. „Wenigstens eine kleine Eigentumswohnung" solle
ich mir doch durch den Kopf gehen lassen (daß sie altersbe-
dingt-behindertengerecht sein müsse, scheint er sich gerade
noch zu verkneifen!). „Bin ich verrückt", sage ich. „Wenn
schon so was, dann ein kleines Häuschen in einem verwilderten Garten!" Er steigt voll drauf ein: „Haus ist fürs Alter
nicht gut. Denken Sie nur an die Arbeit und die Reparatu-
ren! Und verwildert! Das geht schon nicht wegen der Nachbarn!"

Nun, dann nicht! Was werde ich mir Gedanken machen um noch nicht existente Nachbarn, die über noch nicht existentes Unkraut meinen noch nicht existenten Lebensabend zu gestalten denken.

Dennoch: „... und plötzlich steht es neben dir ..." Ob ich nicht doch langsam ...? Wenn sie alle meinen ...?

Ich werde mich also auf die Suche machen: auf die Suche nach gleichaltrigen Frauen, die ebenfalls altern (sollen) und nicht altern (wollen). Auf die Suche nach Modellen: wie will ich als Alte mal sein?

Spannend finde ich weniger das Altwerden als das Altsein. Ich habe jahrelang Altsein gleichgesetzt mit Alters- und Pflegeheim, mit Siechtum und Angewiesensein, mit Einsamkeit, Schmerzen und Warten auf den Tod.

Dann fielen mir Frauen auf, die mit ungewöhnlicher Vitalität ihr Altsein lebten: Frauen von 70, 76, 81 Jahren: voller Runzeln, weißhäuptig – und im Herzen jung, jugendbewegt und heiter, im Geist neugierig, informiert und kämpferisch. Zum 65. Geburtstag durch Australien, zum 70. mit der Transsibirischen Eisenbahn durch Rußland nach China, mit 76 wöchentlich einen Tag in die Universitätsbibliothek ... „alte Frauen", zu denen dieser Begriff nicht paßt, alte Frauen weit entfernt von Hilflosigkeit und Pflegebett.

Ich habe auch Träume übers Altsein. Es sind Kinderträume, die sich dem Kind nie erfüllt haben, die aber auch Elemente des eigenen Aufwachsens enthalten. Ein wenig möchte ich wieder „heim" – vielleicht um den Kreis des Lebens wirklich zu schließen?

Von einem kleinen, niedrigen, reetgedeckten Haus inmitten eines riesigen verwilderten Grundstücks träume ich – ein Grundstück mit Hecken, hohen Bäumen, mit Bach oder Teich. Daran eine Trauerweide, darunter eine Bank, ein Tisch. Viel Wiese, darauf ein alter Apfelbaum, daran eine Schaukel für die Enkelkinder.

Blaue Türen und Fenster soll das Haus haben, das Dach ganz

tiefgezogen, rundherum Stockrosen und Ringelblumen und Kapuzinerkresse. Und neben dem Schlafzimmerfester ein Holunderstrauch: gegen Erkältung und böse Geister. Heidekraut für die Bienen und eine Rosenhecke für die Hagebuttenmarmelade.

Das Meer muß nah sein für Spaziergänge und Träume. Ich muß es bis zu meinem Häuschen hin rauschen hören. Und einen Hund möchte ich – einen großen Neufundländer mit traurigen Augen. Der liegt dann bei mir in meiner Wohnstube mit Kachelofen, knarrenden Holzdielen und handgewebten Wollteppichen ...

Und ab und zu kommen meine Enkelkinder aufs Grundstück getobt – und bringen die neue Welt ins Haus ...

Träume für Minuten. Ich muß schon lächeln, wenn ich sie träume! Auf einem zugewachsenen Grundstück von diesen Ausmaßen würde ich mich schon heute zu Tode graulen. „Weit ab" zu leben, ohne Auto zu fahren – auch das eine Unmöglichkeit!

Wo bleibt der große Hund, wenn es mich in die Ferne zieht: den ganzen November in Venedig oder auf Sylt überwintern? Und wie stehe ich in einer alten reetgedeckten Bauernkate aufrecht?

Wie werde ich alt werden?

Wie werde ich alt sein?

Heute weiß ich es noch nicht, ich kann nur zusehen, hinschauen, hinhören, wie andere Frauen vor mir alt geworden sind! Und dann werde ich mich so langsam auf das vorbereiten, was ich mir eigentlich ganz spaßig vorstelle!

Zum Aufbau des Buches

Auf meiner Suche nach „Modellen fürs Altwerden" bin ich vielfältig fündig geworden, zumal mein Blick sich schärfte für dieses Alter wie bei der Schwangeren, die plötzlich rund um sich lauter Kinderwagen wahrnimmt. So habe ich plötzlich alte Frauen „gesehen", auch viele, die ich früher schon kannte, die für mich jedoch keine andere Bedeutung hatten als eben „die alte Frau von nebenan"!

Gleichzeitig habe ich jede Frau meines Alters gefragt, wie sie sich ihr eigenes Altwerden vorstellt und wie sie sich auf das Alter vorbereitet.

Daraus entstand dann die Idee zu diesem Buch, das leider nur einen Bruchteil aller Gespräche, die ich in zwei Jahren geführt habe, wiedergeben kann.

Das Buch beginnt mit den Mittvierzigerinnen. Sie zeigten verblüffende Übereinstimmungen in ihren Aussagen – verblüffend deshalb, weil es Frauen unterschiedlichster Bildungsstufen und Lebenszusammenhänge waren: diffuse Angst vor dem Altwerden, ohne überhaupt Alte konkret vor Augen zu haben; Angst vor dem Alleinleben, das mit Vereinsamung gleichgesetzt wurde; Angst davor, für andere nicht mehr attraktiv zu sein, wobei immer das Psychosoziale erst, das Körperliche später kam; Angst vor körperlicher und seelischer Gebrechlichkeit ...

Am „Beeindruckendsten" war die Aussage der 48jährigen Elsbeth: „Meinen 50. feiere ich auf einer großen Reise im Kreis von Freunden, und mit 70 erschieß' ich mich!" – „Und warum willst du nicht älter werden?" – „Noch älter? Gebrechlich, am Stock und im Kopf gaga? Nee, du, da inszeniere ich lieber früh genug meinen Abgang!"

Nicht alle Aussagen waren so drastisch – aber in Tendenz und Grundstimmung kamen viele Aussagen Elsbeths Plänen nahe!

Dagegen dann die Alten („Du kannst ruhig ,alte Frau' zu mir sagen, ich bin keine Seniorin!"): Alte, die an alles andere als ans Erschießen denken, Alte, die die nächste Reise in abgelegene Kontinente planen, die keine freien Termine im Kalender haben, die mit Anfang 70 noch berufstätig sind, weil sie es so wollen, die Fremdsprachen lernen – just for fun –, andere Menschen betreuen, mit einem Studium beginnen, für Kinder und Enkel Anlaufstelle sind ... lebensfroh, tatendurstig, durch nichts zu erschüttern! Welch ein Gegensatz! Und welch ein

Vorbild für Mittvierzigerinnen, für die Altsein nur mit Angst und Schrecken assoziiert ist.

„Wie haben Sie damals Ihr Alter geplant?" und: „Planst du dein Alter schon?" waren Fragen, die ich in jedem Gespräch gestellt habe. Darüber, *ob* man Alter (Leben!) planen kann, waren die Auffassungen ebenso geteilt wie die Lebenseinstellung: „Nein, kann man nicht" und: „Man kann nicht nur, man muß!"

Dieser Planungsthematik habe ich ein größeres Kapitel gewidmet, als ursprünglich vorgesehen. Es kamen von den „alten Frauen" so viele Anregungen: teils aus eigener guter Erfahrung, teils aus der eigenen Versäumnis „damals" als Rat für morgen.

Alle Gesprächspartnerinnen fand ich durch Zufall, oder ich griff auf „alte Bekannte" zurück. So ist die Auswahl der Interviewten beliebig und folgt keineswegs irgendwelchen akkuraten („wissenschaftlichen") Auswahlkriterien! Ich weiß, daß ich es – gerade bei diesen Frauen von über 70 – mit einer Minderheit zu tun hatte; aber keiner von uns weiß wirklich, wie Alte leben. Gemessen wird nur allzuoft an Negativbeispielen – und diese ängstigen! Andererseits werden die positiven Beispiele kaum je an die Öffentlichkeit getragen!

Ich weiß, daß gerade bei Frauen die Armut im Alter groß sein kann, ich kenne Alters- und Pflegeheime auch von innen und möchte kaum in einem mein Leben fristen wollen, ich weiß, wie beschwerlich das Leben vieler alter, alleinstehender Menschen ist – nichts davon will ich in und mit diesem Buch leugnen! Aber ich möchte doch ganz bewußt die andere Seite zeigen: die negative ist nur allzugut bekannt (allerdings ohne daß sich wesentlicher Widerstand dagegen erheben würde – auch nicht von seiten der Jüngeren!). Ich möchte Anregungen zur Planung geben und zeigen, wie lustvoll Alte noch ihre letzten zehn bis zwanzig Jahre gestalten können – trotz schlechter Renten, nach zwei Krebsoperationen, nach vielfältigen leidvollen Lebenserfahrungen. Bei den meisten von ihnen gab es zeit des Lebens viele Einbrüche – es waren keine Leben mit „Friede, Freude, Eierkuchen". Ganz im Gegenteil – manche Frauen scheinen durch stählende Epochen gegangen zu sein, die sie zu leben lehrten!

Insofern ist dieses Buch nur ein kleiner Ausschnitt der Alten-Realität. Es soll auch nichts anderes sein!

Wenn Leserinnen aus diesem Buch so viele Anregungen fürs Alter beziehen wie ich beim Interviewen, Besprechen, Recherchieren – und nur halb so neugierig werden auf die zweite Lebenshälfte wie ich, dann kann aus uns allen in 25 Jahren ein munteres, aktives, politisches(!), durchsetzungsfähiges, neugieriges Völkchen von rund 20 Millionen Alten werden! Und weh dem, der uns dann nicht wohlgesonnen gegenübertritt!

2. „Mit Vierzig fängt das Leben erst an!" oder „Mit Vierzig ist für Frauen alles gelaufen!"?

Angst vor dem Altwerden

Ende Januar 1916: „Ich träumte, ich sei verlobt. Mein Verlobter sähe meine welke Haut am Halse und hält mir das vor. Ich will ihm sagen, daß ich an anderen Teilen noch schöner wäre, überlege mir aber, daß eigentlich alles nicht lohnt, weil ich doch alt bin. Bezeichnender Traum."

30./31. März 1916: „Mich überkommt fürchterliche Depression. Erst allmählich wird mir klar, wie sehr ich schon zu den Alten gehöre und meine Zukunft hinter mir habe ..."

Karfreitag (21. April 1916): „ Ein so stilles Gefühl war in mir, daß ich dachte: Wenn das Alter diesen Frieden mit sich bringt, dann verstehe ich, daß alte Leute aus diesem Leben nicht freiwillig scheiden. Der Jüngere, Tätige sieht nur in ihnen die verfallende Kraft, aber der Alte selbst erlebt in sich Neues, den ihn immer mehr erfüllenden Gottesfrieden. Wenn das so ist, so ist ein Stillstand nur nach außen da, er selbst hat das berechtigte Gefühl der Weiterentwicklung, das ihn davon abhält, sein Leben zu beendigen.
Es kommt immer darauf heraus, daß nur das für einen Wahrheit ist, was empfunden wird. Die Altersgefühle, die noch nicht erlebt sind, sind uns noch fremdes Gebiet. Es ist in dem Kellerschen Sinn eine ‚Frechheit dem Leben gegenüber', in dem Alter keinen Wert zu sehn."

8. Juli 1916: „Ich fühl' mich älter und schwächer geworden. Wenn ich meinen Körper seh', mein welkes Gesicht, meine alten Hände, dann werde ich mutlos. Wie soll ein solcher Mensch noch soviel leisten, wie ich noch leisten will? Schmerz und Sehnsucht fressen an der Kraft, ich brauche Kraft. Ich *bitte*, daß ich die Arbeit machen kann..."

Käthe Kollwitz war 48 Jahre alt, als sie diese Eintragungen in ihr Tagebuch machte. Ihre Jahre zwischen 45 und 50 waren erfüllt mit Verzweiflungen über ihr Altsein und Altwerden. Es gibt in ihren Tagebüchern viele Passagen, die ich fast wörtlich in gleicher Form von Frauen Mitte Vierzig *heute* hörte. Sie scheinen epochenübergreifend zu sein – vielleicht weil Frauen der Jahrgänge 1940 immer noch nicht anders erzogen wurden als Käthe Kollwitz' Jahrgang von 1867? „Frausein und Älterwerden sind Ergebnisse von Lebensprozessen, die einerseits mit den ureigensten Erfahrungen und Erlebnissen jeder Frau verbunden sind, andererseits aber auch durch zeitgeschichtliche Ereignisse geprägt und beeinflußt werden", schreiben Fülgraff und Caspers in ihrer Studie über Sechzigjährige. Waren Frauen dieses Jahrhunderts denn schon *wesentlich* andere Erfahrungen und Erlebnisse möglich als Frauen achtzig Jahre zuvor?

„Mit Vierzig fängt das Leben erst an" ist unter diesem Gesichtspunkt ein ebensolcher Schwachsinn wie die Äußerung, daß das Leben der Frau (!) mit Vierzig im Grunde zu Ende ist! Wenn gesagt (geworben!) wird mit dem Slogan: „Der reifen Frau gehört die Welt", dann haben diese Aussprüche keine andere Funktion, als die (eingeredete!) Krise in diesem Alter zu beschönigen, zu leugnen und so zu tun, als sei das alles gar nicht wahr!

Würde nicht erst ein so medienwirksamer Rummel um Lebensmitte, Krise, Klimakterium … gemacht werden, kämen manche Menschen im regelmäßigen Fortlauf ihres Alters und Alltags möglicherweise gar nicht darauf, daß es ihnen ab sofort schlechter gehen müsse! Dann brauchte auch niemand so zu tun, als sei die Vierzigjährige von allen möglichen Pflichten und Lasten befreit und könne nun erst so richtig (und erstmals im Leben!) aufatmen!

„Ich komme allmählich immer mehr in Einklang mit meinem Weg. Mit einem weinenden und einem zustimmend lächelnden Auge kann ich die Eingleisigkeit annehmen und auf den ständigen Wechsel verzichten. Schließlich ist diese Form von Eingleisigkeit nicht das starre und eintönige Festhalten an einer einmal eingeschlagenen Richtung von Anfang an, sondern hat sich entwickelt aus tausendfachen, oft auch schmerzlichen Erfahrungen ... Im Gefühl, auf der richtigen Spur zu sein, kann ich es gelassen und oft sogar froh hinnehmen, wenn viel Unwesentliches, das zwar an sich ganz interessant sein mag, auf der Strecke geblieben ist ..." (Remmler 1986, S. 22), schreibt ein Psychotherapeut für den Menschen um 40! (Ob er dabei wirklich sich selber meinte, wenn er von „ich" sprach, oder aber suggestiv auf seine Leser wirken wollte, bleibt dahingestellt). Für mich hört sich das eher nach einem Menschen an, der kurz vor seinem Tode langsam ohne Gram mit dem Leben abrechnet! Seine Ausführungen gehen davon aus, daß Leben irgendwann geplant und auf ein bestimmtes Gleis gebracht wurde und nun still vor sich hinläuft – ohne erneute Entscheidungen, Umorientierungen, Abweichungen ...

So betrachtet – und das ist die Betrachtungsweise vieler Frauen um Vierzig –, wird Alter dann wirklich „ruhig", langweilig, eingleisig, eintönig, und die Angst vor ihm ist berechtigt.

Mit diesen und ähnlichen Argumenten geben „Fachleute" Politikern und Arbeitgebern Munition in die Hand: Bloß keine über 40jährige Arbeitnehmerin (auch keine darunter, denn die können noch schwanger werden!) – sie sind nicht mehr innovationsfähig, können und wollen sich nicht mehr umstellen, weil sie ja schon „angekommen" sind.

Daß oft weder die Kindererziehung in diesem Alter abgeschlossen ist (oft folgt noch der beste Teil: die Pubertät!), daß im Beruf für alle in diesem Alter noch einmal Chancen vergeben werden, wenn sie nicht unterbrochen und ihr Arbeitsleben aktiv gestaltet haben, daß nach einer Trennung in diesem Alter noch eine neue Partnerschaft gelebt werden kann – all das läßt dieses Denken abgeschlossener Lebensgestaltung nicht zu! In den verkopften Diskussionen um diesen Lebensabschnitt werden diese Möglichkeiten unterschlagen. Wo bleibt da jede Diskussion um neue Herausforderungen, neue Weichenstellungen oder auch „nur" die Weiterführung des bisherigen Lebens ohne Bruch?

Mir scheint, daß mittelalten Frauen von allen Seiten eingeredet wird, daß das Glas ihres Lebens jetzt halb*leer* sei – statt sie zu ermuntern, aus dem halb*vollen* Glas genüßlich zu schlürfen!

Die guten Vierziger

Das Leben, meint ein holder Wahn,
geht erst mit vierzig richtig an.
Wir lassen uns auch leicht betören
von Meinungen, die gern wir hören,
und halten, längst schon vierzigjährig,
meist unsere Kräfte noch für bärig.
Was haben wir, gestehn wir's offen,
von diesem Leben noch zu hoffen?
Ein Weilchen sind wir noch geschäftig
und vorderhand auch steuerkräftig.
Doch spüren wir, wie nach und nach
gemächlich kommt das Ungemach
und wie Hormone und Arterien
schön langsam gehen in die Ferien.
Man nennt uns rüstig, nennt uns wacker
und denkt dabei: ‚Der alte Knacker!'
Wir stehn auf unsres Lebens Höhn,
doch ist die Aussicht gar nicht schön,
ganz abgesehn, daß auch zum Schluß –
wer droben, wieder runter muß.
Wer es genau nimmt, kommt darauf:
Mit vierzig hört das Leben auf.
(aus: Eugen Roth, Der Wunderdoktor)

Was Eugen Roth so trefflich reimte – „Wir stehn auf unsres Lebens Höhn ..." –, meint nichts anderes als das Klimakterium. Dieser Ausdruck stammt aus dem Griechischen, bedeutet „Höhepunkt" (höher geht's nicht!) und hat zur Folge „... daß auch zum Schluß – wer droben, wieder runter muß".

Aus nicht ganz erfindlichen Gründen wird das Leben derart betrachtet. Eine Alternative wäre das stete Aufsteigen und das Erreichen von des Lebens Höhn zum Lebens*abschluß* ... Das gäbe mehr Logik, mehr Bedeutung für das menschliche Leben jenseits der Vierzig und würde weniger Menschen in vermeintliche Bedeutungslosigkeit für die zweite Lebenshälfte abrutschen lassen.

Das vielzitierte Klimakterium, d. h. die biologische, psychische und oft auch soziale Umstellung, allein ist für die tiefe Krise in der Mitte des Lebens nicht verantwortlich zu machen, zumal *objektiv relativ* wenig an Veränderungen geschieht (in jungen Jahren gibt es deren viel mehr und viel einschneidendere!).

Nach meiner Sichtung der umfangreichen Literatur über alte Menschen – und ganz speziell alte Frauen – wurde mir mehr und mehr deutlich, warum diese Angst so tief verwurzelt ist, daß Frauen von Mitte Vierzig an Selbstmord denken, wenn sie übers Alter sprechen. Was die Printmedien über das Alter, den alten Menschen bieten, motiviert wirklich nicht, älter als sechzig zu werden!

Wenn in Zeitungen und Zeitschriften von Alten berichtet wird, dann von Skandalen im Altersheim, Mord in der Pflegeabteilung, Vereinsamung im Hochhaus, Diskriminierung in der Gesellschaft, Pflegenotstand, unsicheren Renten und einsamem Tod, der erst drei Wochen später entdeckt wird.

Der Alte wird zum Subjekt, und kaum jemand bedenkt, daß „der Alte" mit sehr wenigen Ausnahmen geistig voll für sich und sein Tun verantwortlich ist! Wenn nur die Verwirrten und Entmündigten gemeint wären, dürfte nicht pauschal von „den Alten" gesprochen werden!

Alte sind keine Minderheit (ebensowenig wie Frauen!). In der Bundesrepublik Deutschland sind sie derzeit über 12 Millionen (ohne alte DDR). Warum wehren sie sich nicht gegen all die Zuschreibungen und Zumutungen? Warum spielen sie die ihnen diktierte Rolle? Ist es doch einfacher, sein Alter von außen steuern zu lassen, statt zu erklären, das eigene Alter in der Hand *behalten* zu wollen (nicht: in die Hand zu nehmen, sie haben es schließlich immer in der Hand gehabt!)?

Für meine Begriffe ist die „Altendiskussion" ebenso schief wie die „Frauendiskussion". Wenn sie in „alten Frauen" zusammentrifft, wird sie schier hoffnungslos! Junge diskutieren *über* Alte und deren Probleme, ohne sie wirklich zu kennen. Sie bestimmen *über* Alte, sie planen *für* Alte (oft falsch)!. Sie sprechen vom Alterslastquotienten, der Altenflut und dem kommenden Krieg Alt gegen Jung!

„Immer wird es Eskimos geben, die den Eingeborenen von Belgisch-Kongo Verhaltensmaßregeln für die Zeit der großen Hitze geben werden", schreibt der polnische Satiriker St. J. Lec. ...

... und da verwundert es nicht, daß die Generation, die derart über alte Menschen bestimmt und sie verplant, Angst davor bekommt, dieses Schicksal dereinst selber erleiden zu müssen!

Angst vor dem Altwerden scheint mir weit über das Erleben des körperlichen Faltenwurfs hinauszugehen: Altwerden und Altsein werden nur im Spektrum unterschiedlichster sozialer, psychischer, finanzieller und physischer *Probleme* betrachtet – nicht in den *Möglichkeiten,* die das Leben jedem bietet, der noch auf Erden wandelt!

Die Angst vor dem Alter ist in Gesprächen oft diffus: „Da kommt etwas Unbekanntes auf mich zu ..." Dabei wird weder das Alter benannt: 50, 60, 70 oder mehr?, noch werden die Ängste analysiert. Auch scheint es kaum Orientierung an lebenden Alten zu geben, die Vorbildfunktion haben könnten.

In den folgenden zwei Interviews wird das „Unwohlsein" an der Zukunft deutlich, ohne daß Alter und Angst präzisiert werden.

Ruth ist 43 Jahre alt, verheiratet und hat ein Kind. Sie arbeitet als Büroangestellte und hat vor allem „Schiß" vor dem körperlichen Verfall, der es ihr möglicherweise nicht gestatten wird, ihr Alter noch aktiv zu gestalten.

Barbara ist 46 Jahre alt, geschieden, berufstätig als Sozialarbeiterin und hat zwei Kinder im Alter von zwölf und dreizehn Jahren. Sie hat Probleme mit der Neuorientierung und Angst vor dem Alleinleben, während Ruth sich im Alter zu sehr an ihren unflexiblen Mann gekettet sieht!

„Also, wenn ich an später denke, da hab' ich jetzt schon Schiß!"

Ruth:

„Ich bin ja nun erst 43, und wenn ich mir andere Frauen an-guck', dann geht es mir doch gut. Ich hab' ja auch nichts aus-zustehen bei der Arbeit. Irgendwie wird ja alles im Laufe der Jahre Routine. Das kann man dann halb im Schlaf, und jeder ist zufrieden, daß alles ruhig läuft. Nachdem sie bei uns ordentlich mit'm Besen durchgegangen sind und mal ein bißchen rationalisiert haben, haben wir auch wieder Ruhe. Davor dachte ja jeder: Mein Gott, wie wird das werden? Muß ich gehen oder so! Oder was krieg' ich für neue Aufgaben, die ich nicht pack'? Aber das ist ausgestanden, und nun kommt die nächsten Jahre auch erst mal nichts in der Rich-tung!

Aber sonst ... Ich sehe ja hier die anderen Frauen – wir sind fünf, ich bin die jüngste. Die älteste ist 52. Also wenn ich da an später denke, da hab' ich jetzt schon Schiß! Die sind echt fer-tig, die Frauen. Wenn es auf die Fünfzig zugeht, dann ist da nichts mehr. Und dabei muß ich sagen, daß wir hier ein gutes Arbeitsklima haben und sich keiner beklagen kann. Wir arbei-ten wirklich partnerschaftlich, und wenn die eine mal mor-gens sagt: ‚Kinder, heut kann ich nicht', dann übernehmen die anderen schon einen Teil.

Aber das mein' ich nicht. Ich sehe ja, daß bei denen einfach die Luft raus ist. Die Gundula ist zum Beispiel, seit sie ausge-lernt hat, im Beruf, das sind dreißig Jahre! Und nie eine Pause. Und dann noch zwei Kinder und 'n Mann, das geht doch auch nicht spurlos an einer Frau vorbei! Klar, bei aller Freude, die eine Familie macht. Ich hab' ja auch Mann und Kind. Aber eben auch nur eins. Gott sei Dank! Mit zweien würde ich das gar nicht packen. Aber die Gunda – die hat mal nur halbtags gearbeitet, als die Kinder noch klein waren. Das ging finanziell einfach nicht anders. Jetzt ist sie wieder auf 30 Stunden. Sie würde gerne wieder auf halb gehen, aber das geht hier in der Firma nicht. Oder die wollen nicht, ist ja auch egal.

Nun war sie schon dreimal zur Kur in den letzten Jahren. Das hat ja auch was gebracht – aber für wie lange? Wir haben alle Familie nebenher. Und das ist doch hart! Wer denkt sich denn heute schon was dabei, wenn jemand sagt: ‚Ja ja, Doppelbelastung!' Das ist doch nur noch ein Schlagwort. Da denkt doch keiner mehr, daß wir Frauen mindestens zwanzig Jahre lang zwei Berufe nebeneinander ausüben ...

Es ist doch einfach so, daß man, wenn man einen Beruf und eine Familie hat, kein bißchen Zeit für sich selber hat. Ich halte nichts von diesem Wort ‚Selbstverwirklichung', aber mir ging es immer so, daß ich daran dachte: ‚Wann kann ich bloß mal was für mich allein machen?' Und ich weiß, daß es den anderen Frauen auch so gegangen ist. Unsere Männer haben alle ihre Freiräume. Die haben alle ihre Schlupfwinkel für sich gefunden! Und wenn sie eben Überstunden machen! Wir können keine Überstunden machen – weder tatsächlich noch vorgeschoben. Bei uns Frauen ist alles auf die Minute verplant. Wenn das schon mal mit Arbeit und Kindergarten hinhaut, dann sind wir doch schon glücklich. Da können wir nicht noch zwei Stunden anhängen.

Ja, was mir so Schiß macht!? (Sie überlegt lange) Also vor allem das Körperliche. Dieses Fertigsein, Nicht-mehr-Können. Die Krankheiten, die dann kommen. Also wie soll ich sagen – dieses Kaputtsein, sich nicht mehr erholen können. Ich will doch auch noch leben. Wenn ich mir die anderen Frauen hier angucke, da denke ich: Wann haben wir denn noch die Kraft zum Leben übrig? Für mich ist die Arbeit wichtig. Ich brauch' das Geld und auch die Kontakte hier. Aber das ist doch nicht das Leben. Was hab' ich denn noch vom Leben, wenn ich nach meinen dreißig Stunden nur noch nach Hause krieche, dort nur noch im Haushalt rummache und dann kaputt ins Bett falle, bloß um morgens wieder zur Arbeit zu hetzen!? O mein Gott, so will ich nicht leben. Ich finde, wir haben einfach keine Zeit mehr, uns auszuruhen.

Ja, ich bin eigentlich ratlos. Ich habe auch schon mit meinem Mann darüber gesprochen. Ich glaube, dem geht es ähnlich, nur daß er eben nur seinen Beruf hat und sich nicht viel um den Haushalt kümmert. Ich kann mich über ihn nicht beklagen, andere Männer tun noch weniger. Aber da kann er das auch nicht richtig verstehen. Er hat frei, wenn er nach Hause kommt. Klar, wenn er runtergeht, nimmt er auch mal die Mülltüte mit – aber auch nur, wenn ich es ihm sage. Oder er holt mal Kartoffeln aus dem Keller. Aber alles nur auf Anforderung. Und dann hat er eben seine Freizeit. Einmal in der Woche geht er zum Kegeln, das wird dann immer sehr spät, aber am nächsten Tag kann er sich ausschlafen. Das kann ich mir gar nicht leisten: Erst war der Junge klein, da kam der morgens in mein Bett, oder er hat nach ‚Mama‘ gerufen. Und dann war Schule. Da mußte ich auch vor sieben Uhr aufstehen, um ihm Frühstück zu machen.

Und so gibt das 'ne ganze Menge Beispiele, wo ich denke, Männer sind mit Fünfzig nicht so kaputt wie Frauen. Wenn Männer eine Familie haben, dann haben sie es arbeitsmäßig eigentlich besser als Frauen. Wenn sie nach Hause kommen, ist alles gemacht, und sie können sich ausruhen. Wenn Frauen nach Hause kommen, fahren sie die zweite Schicht!

Die Gisela hier bei uns im Betrieb ist geschieden. Die ersten Jahre hatte sie es wohl ganz schön schwer. Ihr Mann war einfach abgehauen und hat auch nur ganz unregelmäßig gezahlt. Später hat er dann nur noch für das Kind gezahlt – aber die Gisela sagt heute immer: ‚Nee, ich beneide euch nicht mit euren Männern. Wenn ich hier Schluß hab‘, bin ich mein eigener Herr. Ob ich da nach Hause gehe und mich aufs Ohr lege oder ob ich noch in der Stadt bummel‘ oder mich zum Friseur reinsetze … Also wenn ich euch so sehe – immer gleich nach Haus, weil der Alte wartet und alles picobello vorfinden muß!‘

Ich denke auch manchmal, daß ich sie beneide. Und ich finde auch, daß die am wenigsten fertig ist von uns Frauen. Die hat Zeit für sich. Aber auch der Urlaub zum Beispiel: sie kann fahren, wann sie will und wohin sie will. Viel mehr Geld als wir hat sie auch nicht mit ihren dreißig Stunden – aber sie braucht ja auch nicht mehr in der Saison zu fahren, und sie sucht sich immer was aus, wo sie sich richtig erholen kann. Letztes Jahr war sie mal für zwei Wochen in der Toskana, wo

Frauen so ein Projekt machen. Und da hat sie getöpfert und Seidenmalerei gemacht.

Wir haben hier alle gelacht, weil Gisela manchmal ganz ungeschickt ist. Aber sie wollte das einfach mal ausprobieren. Was sie kann und was ihr Spaß macht und dann vor allem auch was, wo sie nicht ganz alleine ist. Was sie erzählt hat, war ganz toll: die haben auch zusammen Radtouren gemacht und Spaziergänge, und abends haben sie zusammengesessen und Wein getrunken. Und dann kam sie echt erholt zurück.

Nein, natürlich will ich auf meinen Mann deshalb nun nicht verzichten. Aber irgendwie ist er doch 'ne Last. Und die anderen Frauen hier bei uns sehen das ganz genau so. Ich als jüngste denke ja manchmal, man kann als Frau manches mit dem Mann noch aushandeln. Aber die anderen lachen dann immer und sagen: ‚Dann versuch doch mal!' Als Gisela so von ihrem Urlaub schwärmte, hab' ich meinem Mann davon erzählt. Er fand das ganz toll ... bis er merkte, daß ich *mich* meine. Ich meine, daß ich überlege, ob das auch mal was für mich wäre. Da ist der doch glatt ausgerastet. Ob ich mich trennen wollte, ich brauchte das nur zu sagen. Das könnte ich haben. Bei ihm im Dienst gäbe es genug Frauen, die gerne mit ihm in Urlaub fahren würden ... Also, ich kann das alles gar nicht wiedergeben. Der war richtig außer sich. Ich habe dann abgebremst, und später bin ich noch mal darauf zurückgekommen. Da habe ich vorher gesagt, er soll mich mal nicht unterbrechen, ich möchte ihm was im Zusammenhang vorschlagen, und er soll erst mal zu Ende zuhören, bevor er ausflippt. Hat er auch getan. Ich hab' gesagt: ‚Einmal zwei Wochen für mich alleine dort runter. Er kann hier zu Hause beim Kind bleiben. Schließlich kann er das ja auch mal zur Schule schicken! Und später kann er auch zwei Wochen alleine fahren oder mit seinen Kegelbrüdern. Und dann haben wir noch drei gemeinsame Wochen. Da könnte sich doch jeder ausruhen und jeder hätte auch mal das, was er wollte. Kompromisse muß man doch das ganze Jahr machen ... und so. Aber da kam nichts anderes als vorher: Er könne nicht *seinen* Beruf *und* das Kind machen. Schließlich habe er mehr im Beruf zu tun als ich und außerdem hielte er nichts davon, wenn so viele Frauen auf einem Haufen säßen. Die würden ja doch nur über die Männer klagen und sich gegenseitig wild machen.

Ja, was mein Altwerden angeht – das hängt mit dem zusammen, was ich eben gesagt habe: alt werden, kaputt sein, nie Zeit für sich gehabt haben, und wenn man dann vielleicht eines Tages Zeit hat, dann *kann* man einfach nicht mehr. Dann ist man fertig! Und wenn mein Mann mich dann immer noch so beansprucht und immer nur seinen Kopf durchsetzen will ...

Also ich glaub', was das Alter angeht, da werde ich am meisten mit meinem Mann zu tun haben, gar nicht so sehr mit mir. Das wird noch 'n ganz schönes Stück Arbeit!"

„Ja, ich habe Angst vor dem Alleinleben!"

Barbara:
„Ich bin unzufrieden. Frag mich nicht warum! Ich könnte es dir nicht sagen. Ich denke öfter selber darüber nach – ich würde es ja gerne ändern. Aber dazu müßte ich wissen, was und wie.

Es ist auch nichts Objektives. Ich hab', was ich brauch'. Ich habe mehr als viele Frauen in meinem Alter. Das muß ich mir immer wieder selber klarmachen. Und trotzdem ... Es ist so was ... also es fehlt was. Irgendwas, das in die Zukunft weist. Die Kinder – klar, die brauchen mich noch ein paar Jahre, so fünf oder sechs Jahre, vielleicht auch acht. Und dann? ... Es ist doch heute schon an manchen Tagen so, daß ich mir nur noch vorkomme wie ein Portier. Wenn ich zusammenzähle, wie viele Stunden ich täglich die Kinder noch um mich habe – na, mehr als zwei sind es oft nicht, und die dann noch aufgeteilt in drei bis vier Etappen. An manchen Tagen kommen sie eben nur schnell zum Ranzen-in-die-Ecke-Schmeißen, ein paar Löffel essen, hineinschlingen, und weg sind sie schon wieder. Abends dann dasselbe. Ich habe schon oft überlegt, ob ich nicht wieder auf ganztags gehe, es würde mich finanziell entlasten und ich wäre wohl auch zufriedener. Halbtags – da mache ich doch manches, was meine Kollegen ganztags schaffen. Weniger an Arbeit ist es nicht, nur alles viel hektischer. Damit ich für die Kinder mehr Zeit habe, war das sicher vor zwei bis drei Jahren noch wichtig. Aber heute? Da nehme ich mir Zeit für *sie*, und dann sehe ich sie doch kaum. Andererseits überlege ich natürlich, ob sie nicht gerade das brauchen. Daß eben jemand da ist, der ihnen die Tür aufmacht, bei dem sie schnell mal was loswerden können. So eine Sicherheit – Mutter ist vorhanden.

Ich gucke mich schon immer um – was machen andere Frauen in meinem Alter? Also so ganz problemlos scheint es ja bei den meisten nicht zu laufen. Ganz egal, ob sie alleine leben oder mit ihrem Mann. Ich würde gerne wieder mit einem Partner zusammenleben. Am liebsten hätte ich es mit meinem Mann gewollt. Aber der ist abgesprungen und hat sich was Frischeres gesucht. Sechzehn Jahre jünger ist sie – und wenn ich mir meinen Mann heute so ansehe – nein, zurücknehmen würde ich ihn heute nicht mehr!

Ich habe mich für mich in den letzten Jahren sehr stark weiterentwickelt – ich würde sagen: altersentsprechend. Aber er ist den Weg zurückgegangen. Doch, ich wäre gerne mit ihm zusammengeblieben – ich denke, wir hätten uns schon arrangiert über die Jahre. Aber noch mal mit ihm anfangen, nein! Dafür liegt zu viel hinter mir. Es steht ja auch gar nicht zur Debatte. Für ihn bin ich heute eine alte Frau, das sagt er auch ganz deutlich. Irgendwie verbraucht – oder so ähnlich hat er sich vor kurzem ausgedrückt. Jedesmal spricht er über meine Falten und meine grauen Haare, oder er sagt: ‚Na, um die Hüften legst du ja auch ganz schön zu.‘ Ich sage heute nichts mehr dazu. Das ist wohl seine Art, mit dem Alter fertig zu werden. Immerhin ist er ja vier Jahre älter als ich.

Was mich so unruhig macht, so unausgeglichen ... Ich möchte mich nicht vom Leben, von den Kindern, vom Beruf, vom Alter leben lassen. Und ich möchte auch nicht in den nächsten fünfzehn Jahren auf meine Rente warten mit Plänen, was ich dann tue: Kleingarten, Mallorca und Enkel hüten. Ich weiß ja noch nicht mal, ob ich dieses Alter überhaupt erreiche. Eine Kollegin von mir ist jetzt gerade mit 43 Jahren verstorben.

Diese Jahre möchte ich nutzen – für mich! Aber wie? Ich weiß einfach nicht, wie es sinnvoll wäre. Ja ich weiß noch nicht mal richtig, was ich eigentlich will.

Wenn ich mir das wünschen dürfte? (Barbara lacht und überlegt dann sehr lange) o ja, da wüßte ich schon was. Da würde ich erst mal sofort aus dem Beruf raus und dann in den Süden ziehen. Toskana oder Madeira. Mit einem netten Mann. Und natürlich den Kindern. Und wir alle könnten tun, was wir wollen, keine Schule, keinen Job, keinen Zwang. Wandern, malen, viel, viel schlafen – und immer warm und unbeschwert.

Ich würde mich so gerne einfach mal treiben lassen, einfach mich der Zeit überlassen. Mal nach dem Wetter leben oder nach meinen Launen oder einfach mal nur den Wünschen der Kinder nachgeben – wo ich heute immer sagen muß, das geht nicht und so viel Zeit ist nicht … Ja, so könnte ich alt werden. So richtig aussteigen mal. Klar, das geht nicht. Das ist ja auch eine Geldfrage. So ein *Hippieleben* wäre nichts für mich. Mal am Strand schlafen und mal in einer Kommune oder sich das Essen täglich zusammenschnorren. Nein, ein Haus mit großem Garten und Veranda und großen Zimmern und südlicher Nahrung, viele Früchte, viel weißes Brot, Wein, Käse … (sie lacht)

Ja, so sind die Träume. Das schlimme ist ja, man realisiert sie ganz oder gar nicht. Ich kann mich nicht auf den Balkon setzen und ein südliches Aquarell pinseln und dazu einen Melonenschlitz auslutschen und denken, ich bin auf Korsika. Und den Mann, den ich gerne hätte, den hab' ich nicht. Und das Geld für mehr als drei Wochen Süden im Jahr auch nicht. Und die Kinder müssen in die Schule – und ich sitze da und denke: Du mußt jetzt planen, du kannst die Jahre nicht so kommen und gehen lassen.

Ja, so weit bin ich. Das ist nicht viel. Und weiter komme ich irgendwie auch nicht. Manchmal denk ich: Wart's doch einfach ab, da ergibt sich was, aber andererseits will ich gerade *das* nicht, dasitzen und zuwarten. Kommt was? Krieg' ich 'ne Idee? Fällt mir was in den Schoß? Treff' ich den Mann meines Lebens?

Ach, du siehst – ich weiß es nicht. Ich habe eine Ahnung, ein ... wie soll ich sagen, ein Sehnen nach Mitte, nach Ausgewogenheit – aber jegliche Realisierung liegt für mich so sehr im dunklen.

Ob es mit einem Mann anders wäre? Ich glaube nicht. Ich glaube, mit einem Mann ist es das gleiche. Ich bin nicht der Typ, der sagt: Ich muß 'n Mann haben: das ist es nicht. Ich brauche einen Gesprächspartner, der mir eben ist – das sind die eigenen Kinder nie – und jemanden, mit dem das Leben etwas leichter läuft. Nicht, daß ich mich aushalten oder bedienen lassen will, ich glaube nur, wenn jeder für den anderen da ist und auf den anderen eingestellt und um ihn besorgt ist, dann ist es einfach für beide Teile einfacher. Ich brauche keinen Mann zum Koffer tragen – aber ich brauche einen zum Planen der nächsten Reise – nur so z. B., wenn du weißt, was ich meine. Fürs Bett brauche ich auch keinen, aber ich brauche einen, der auch im Wohnzimmer sitzt mit einem Buch in der Hand und Tschaikowsky oder Chopin hört. Gemeinsam was aufbauen und erleben – und im Alter dann davon zehren. So dieses: „weißt du noch ...?" Da braucht es gar keiner Worte, das ist dann einfach da. In manchen Situationen dasselbe Denken und Fühlen und Erinnern, wo dann ein Blick genügt, und der andere weiß Bescheid.

Ja, ich habe Angst vor dem Alleinleben. Ich hänge sehr an den Kindern und sie wohl auch an mir. Aber ich kann von ihnen nicht verlangen, daß sie sich um mich kümmern, wenn sie erst mal aus dem Haus sind. Ich finde nichts schlimmer als die Mütter, die noch die dreckige Wäsche ihrer Kinder waschen, bloß damit sie diese beim Holen und Bringen noch mal zu Gesicht kriegen. Manchmal denke ich, Frauen vor hundert Jahren, in meinem Alter und auf dem Lande – die hatten diese Sorgen nicht, wenn sie überhaupt noch lebten. Während die noch die beiden jüngsten aufzogen, waren schon die ersten Enkelkinder da. Und dann stand alles unter dem Diktat der Natur. Da haben die Jahreszeiten und das Wetter das Handeln bestimmt – und wir suchen uns eine Bestimmung für uns!

Vielleicht ist es das, was uns allen heute so fehlt – die Einheit mit der Natur, mit uns selbst. Vielleicht ist es das, was ich als Fehlendes erlebe!?"

Das Klimakterium, die eingeredete Krankheit

Über das Klimakterium ist schon so viel geschrieben worden, daß ich hier nicht noch einmal detailliert aufführen mag, daß und warum die Frauen Falten kriegen, dafür aber keine Kinder mehr (als ob sie noch welche wollten!), daß und warum die Haare grau werden und die Hände Altersflecken bekommen, daß angeblich die Körperkräfte nachlassen und die zweite Lebenshälfte nur noch ein langsames Zubewegen auf den Tod ist. Alle diese Fakten sind weder schicksalshaft noch unvorhersehbar – sie sind *Entwicklung,* und das bedeutet eben auch: *kein Stillstand!*

Wenn Frauen unter dieser Entwicklungsstufe leiden, wenn sie sich in einer tiefen Krise befinden, dann leiden sie *auch,* weil ihnen das Leiden eingeredet wird. Ab Vierzig warten viele Frauen auf „das Klimakterium", beobachten mehr denn je ihren Körper, ihre Periode und geraten in eine Angst- und Erwartensspannung, die bei mancher zu einer pathologischen Selbstbeobachtung, zur Verkrampfung und nicht selten zu panikartigen Reaktionen führt.

Wie sehr diese Faktoren zum Unwohlsein beitragen, ist daran zu messen, daß berufstätige Frauen wesentlich weniger klimakterische Beschwerden haben als „Nur-Hausfrauen", daß sie diese Altersstufe seltener als tiefe Krise erleben, sondern vielmehr den Fortgang von Beruf, beruflichen Beziehungen und Kontakten sehen.

Kaum eine Frau, mit der ich gesprochen habe, konnte über konkrete, objektiv vorhandene Beschwerden klagen. Meistens waren es vorweggenommene Ängste vor dem, was demnächst passieren kann oder wird ... Der Fortzug der Kinder (über deren Ansprüche und Unselbständigkeit jahrelang geklagt worden war) wurde nicht als selbstverständlicher Teil des Lebens und als gutes Zeichen von *Entwicklung* verstanden, sondern mit angststarrem Blick herbeigefürchtet.

An der eigenen Attraktivität (für andere) wurde gezweifelt – als ob frau mit 45 schlagartig alt, faltenreich und unansehnlich würde und anderen Menschen absolut nichts mehr zu bieten hätte. An Charme, der von innen kommt – Freundlichkeit, Freundschaftlichkeit, Güte, Geduld, Heiterkeit, Lebensfreude, Gelassenheit ... –, dachte keine von ihnen. Es ging immer nur ums Materielle. Erziehung und Werbung haben langanhaltende Wirkung: eine Frau „wirkt" durch ihr Äußeres und ist „brauchbar" nur in ihrer Ehefrauen- und Mutterrolle. Das „Ich" als Wert – in eine Freundschaft eingebracht, unabhängig von Verwitterungserscheinungen der Haut und materiellen Vorzügen – fand keine Erwähnung. Das „Ich" der Frau scheint nicht auszureichen, irgendwo eingebracht zu werden!

Alleinleben ist für viele Menschen problematisch. Das Problem scheint jedoch auch aus einer sehr eingeschränkten Sicht zu resultieren – aus der Fixierung auf die biologische Familie! Gerade Frauen begnügen sich während ihrer Familienphase nur allzugern mit Mann und Kind, die für sie das Tor zur Welt darstellen. Viele Ehefrauen sind stolz auf sich, wenn sie sagen: „Wir sind uns selbst genug!" „Familie" auszuweiten auf Freunde und Nachbarn fällt den meisten einfach nicht ein – diese werden allenfalls als Ersatzteile betrachtet, auf die man im Notfall zurückgreifen kann.

Wie wenig es manchmal bedarf, um aus einem schon depressiv eingefahrenen Trott herausgerissen zu werden, zeigen die beiden folgenden Interviews.

Vera, 46 Jahre alt, geschieden, ohne Kind, arbeitet als Versicherungskauffrau. Sie lebte nach ihrer kurzen Ehe „vor sich hin", bis sie eines Tages der Blitz einer neuen Verliebtheit traf ...

Monika, 49 Jahre, kaufmännische Angestellte, geschieden, ein erwachsener Sohn, war „plötzlich allein", als dieser auszog.

Eines Tages begann sie mit der Vergangenheit aufzuräumen –
im wahrsten Sinne des Wortes ...

„... als ob nur eine Taste gedrückt zu werden brauchte"

Vera:
„Vorbereitung auf mein Alter? Nein, so würde ich es nicht
nennen! Ich hatte ganz andere Gründe für die Umstellung in
meinem Leben. Aber natürlich sehe ich, daß sich das alles sehr
positiv auf meine Zukunft auswirken wird. Ich kann mir auch
vorstellen, daß es mir das Altwerden erleichtert.

Aber ich sollte vielleicht mal erzählen, wie das alles kam.
Ich war gerade vierzig geworden. Da hat mein damaliger Chef
mich beauftragt, eine Tagung vorzubereiten. Das war was ganz
Neues für mich, und ich war ziemlich hilflos. So kam es wohl
auch, daß ich doch ein paar Telefonate mehr als nötig machen
mußte mit dem Organisationsleiter des Kongreßzentrums. Er
hat mich ganz fabelhaft beraten, und so hat ein Wort das andere ergeben. Er rief dann auch mal an, obwohl das nicht seine
Sache war – und dann rief er mich privat an, einen Abend bevor wir nach Süddeutschland aufbrechen wollten. Er sagte,
daß er sich freut, mich kennenzulernen – na ja, was dann so
gesagt wird. Und da merkte ich auf einmal, daß ich Herzklopfen bekam. So richtig wie eine Zwanzigjährige. Ich bin sofort
ins Bad und habe mich genau im Spiegel angesehen. Au wei!
Das kann ich heute gar nicht mehr schildern – ich habe mich
nach bestimmt zehn Jahren mal wieder so richtig angesehen.
Eigentlich mit den Augen eines anderen. Eines Mannes, der
sich für mich interessiert.

Ich bin so in Panik geraten, weil ich ja keine Zeit mehr
hatte. Meine Haare, meine Haut, Falten, alles grau. Ich war in
dem Sommer nicht im Urlaub gewesen und hatte auch keine
entsprechende Sommerbräune. Also in dem Moment war ich
soweit, die Tagung abzusagen. Aber heute weiß ich – das war
ein Wendepunkt in meinem Leben. An diesem Abend habe

ich für mich alles getan, was noch ging. Alles, was ich seit Jahren vernachlässigt hatte.

Ich hatte mit 24 geheiratet. Das war eine Liebesehe – aber die Liebe hielt nicht lange. Eigentlich haben wir uns ziemlich schnell miteinander gelangweilt. Ich könnte gar nicht sagen, warum das so war. Kinder hatten wir keine. Ich war nie besonders scharf drauf, mein Mann sowieso nicht – der zahlte für ein nichteheliches und sah das nur vom Finanziellen her.

Mit Dreißig war ich dann geschieden. Das ging schnell über die Bühne. Wir wollten es beide, und wir haben uns auch über die gemeinsamen Anschaffungen einigen können. Keiner hat geklammert. Fast könnte ich sagen, wir waren uns schon so gleichgültig geworden, daß auch diese Dinge gleichgültig waren.

Dann habe ich zwei Jahre alleine gelebt. Daran kann ich mich kaum erinnern, und dann lernte ich einen Kollegen kennen. Nein, ich kannte ihn schon eher, aber er ließ sich scheiden, und da suchte er ganz krampfhaft nach einer Neuen. Das war eigentlich so was wie eine Zweckgemeinschaft. Er war allein, ich war allein, wir haben uns gegenseitig die Langeweile vertrieben.

Das ging 'ne Zeit – irgendwie erinnert mich diese Beziehung heute etwas an meine Ehe: keine Höhen und Tiefen, nichts Herausragendes, alles lau und flau und langweilig. Mir ist ziemlich bald klargeworden, daß ich für diesen Mann beliebig austauschbar war. Ob ich oder eine andere … er brauchte was gegen die Einsamkeit und gegen den Frust, den seine Frau ihm bereitet hat. Ich hatte seine Seele zu heilen. Ich sollte eigentlich nichts anderes als sein Selbstwertgefühl stabilisieren. Na ja, das ging gut zwei Jahre, dann hatte er sich einigermaßen gefaßt und zog fort. Er hat mich nie gefragt, ob ich mitgehen wollte. Das hätte ich nicht gewollt – aber er kränkte mich damit ganz schön. Es war schon deutlich: Für ihn war's damit beendet.

Dann habe ich eine ganze Zeit sehr gelitten, das muß ich zugeben. Nicht, weil da eine Liebe zerbrochen ist oder so was Romantisches! Ich war getroffen, und ich habe Bilanz gezogen:

Ich war für die beiden Männer, die mich immerhin ein paar Jahre beschäftigt haben, eigentlich so was wie ein Gegenstand. Ein wichtiger zwar – aber eben kein lebendiger Mensch! Jede andere Frau hätten sie ebenso genommen. Daß ich es nun gerade war – nun, das war wohl das, was man Schicksal nennt.

Ich habe dann doch ziemlich eine Krise durchgemacht. Da bin ich auch eine Zeitlang zu einem Psychotherapeuten gegangen. Das hat mir ganz gutgetan. Er war sehr sanft, und ich hatte das Gefühl, endlich mal ernst genommen zu werden, wenn ich was sage. Das war wohl das, was mir geholfen hat.

Ja und dann kam diese Tagung. Also an diesem Abend habe ich gebadet und nochmal die Haare gewaschen und mich von Kopf bis Fuß eingecremt und habe Gymnastik gemacht – das war 'ne Tortur! Das hab' ich doch ewig nicht mehr gemacht gehabt!

Und dann habe ich mich verliebt. Und er sich auch. Das war Liebe auf den ersten Blick. Bei beiden. Wir sind nur so aufeinander geflogen. Wir kannten uns ja nicht – aber in der Hotelhalle sind wir gleich aufeinanderzugesteuert. Ich will es jetzt nicht romantisieren – so war es aber. Wir haben in den vier Tagen alles zusammen gemacht. Wir haben uns nicht aus den Augen gelassen ... Natürlich war er verheiratet. Und zwar glücklich. Die meisten Ehemänner, die man kennenlernt, sind ja unglücklich verheiratet. Aber er hat von vornherein keinen Hehl daraus gemacht. Das fand ich anständig. Und wir haben auch ziemlich schnell beide gesagt: Diese Tagung und dann Schluß.

Ich weiß noch, wie er alles an mir bewunderte, mein Haar schön fand, meine Figur – obwohl ich zehn Pfund zuviel hatte ... kurz und gut, ich hatte das Gefühl, nach zwanzig Jahren wieder einmal mit liebenden Augen angesehen zu werden. Ich wurde geliebt, so wie ich war. Und da ist es mir passiert, daß ich mich an dem einen Abend im Spiegel ansah – mit verliebten Augen. Plötzlich habe ich mich als Geliebte betrachtet. Ich hatte plötzlich einen Wert bekommen. Das war für mich eine so neue Erfahrung, daß ich jetzt noch darüber erschrecke, wenn ich Ihnen das erzähle.

Und das Komische – nein, eigentlich war es nicht komisch, es war schlüssig –, dasselbe geschah mir dann noch mit meiner Wohnung! Wir haben uns nach der Tagung bewußt nicht wiedergetroffen. Er hat ein paarmal angerufen. Und dann fragte er, ob er auf der Durchreise mal vorbeikommen könne. Und da geschah dasselbe wie damals vor der Tagung: Ich sah meine Wohnung plötzlich mit seinen Augen. Und da hatte ich fast das gleiche Erschrecken. Diese Unordnung! Ich mag meine Wohnung, und alle finden sie urgemütlich – aber diese Unordnung! Mein Gott, das hätten Sie damals sehen sollen. Überall lag und stand was rum.

Ich habe natürlich ja gesagt, daß er kommt. Und dann habe ich ein Wochenende nichts anderes gemacht als die Wohnung aufgeräumt.

Nach ganz vielen Jahren habe ich wieder frische Blumen gekauft und ein süßes neues Kaffeegeschirr.

Das war damals der Anfang. Die große Wende, möchte ich sagen. Ich war manchmal traurig, daß es mit uns nichts wurde – diesen Mann hätte ich gerne gehabt. Das hätte viele Jahre gutgehen können, glaube ich. Aber heute sehe ich, daß da was ganz anderes passiert ist: Diese paar Begegnungen haben mich zu mir selber geführt. Es ist, als ob nur noch eine Taste gedrückt zu werden brauchte – mehr war nicht nötig. Und die hat er gedrückt. Ich sehe mich heute mit ganz anderen Augen. Ich habe nie mehr gedacht: wofür oder für wen soll ich mich hübsch machen!? Wofür soll ich die Wohnung in Ordnung halten? Für wen soll ich gut aussehen?

Die Fragen haben sich für mich erledigt. Ich möchte *für mich* gut aussehen. Ich möchte mich einfach wohl fühlen – in meinem Körper ebenso wie in meiner Wohnung.

Was ich sehr bewußt gemacht habe: Ich habe mir ein regelrechtes Gesundheitsprogramm zusammengestellt. Und da sehe ich auch die Vorbereitung auf mein Alter – obgleich ich das so nicht sehen will. Ich tu's ja *heute* für mich – aber ich bin sicher, daß ich dabei bleibe und daß das meinem Alter sehr zugute kommen wird.

Ich reiße mich auch manchmal ganz schön zusammen.

Also: einmal in der Woche entschlacke ich. Meist Samstag, weil ich da frei habe: morgens ein gemütliches Bad, den ganzen Tag nur dünnen Tee und Wasserreis. Wenn's mir mal nicht so gut geht, dann gestatte ich mir noch ein bißchen frisches Obst. An einem Abend in der Woche gehe ich schwimmen – egal, welches Wetter. Vor allem mit der Ernährung passe ich auf. Kaum Fleisch, sehr viel Obst, sehr wenig Süßigkeiten – und das fällt mir schwer! Aber ich kaufe einfach nichts mehr ein, da ist abends nichts da, was mich verführen könnte. Eine Zeitlang bin ich mit dem Rad ins Büro gefahren, aber das mußte ich dann lassen. Ich muß wie aus dem Ei gepellt erscheinen – und so sieht man ja nicht immer aus, wenn man durch Sturm oder Regen gefahren ist. Kein Fahrstuhl, alle Treppen zu Fuß. Ja und jeden Abend mindestens zehn Minuten Gymnastik vor dem offenen Fenster. Ich habe eine ganze Menge an Selbstbeherrschung gelernt – die hatte ich vorher nie, da habe ich mich viel, viel mehr gehenlassen.

Ja, ich glaube, das ganze halte ich jetzt so vier bis fünf Jahre durch. Und ich fühle mich heute viel wohler und frischer als damals, bevor ich Kurt kennenlernte. Wenn ich mich heute im Spiegel anguck', dann kann ich mich bejahen.

Was ich nun noch etwas bewußter intensivieren will: Ich muß mich um mehr private Kontakte kümmern. Da ist manches sehr locker, sehr unverbindlich. Da muß ich mich mal umtun – Freundschaften intensiver gestalten, neue suchen. Ja, ganz bewußt suchen. Von alleine kommt nichts. Ich überleg' auch schon, ob ich vielleicht in einen Schwimmverein schwimmen gehen soll. Da ist härteres Training, das wird mir guttun.

Wer weiß, was sich dann noch alles ergibt. Nein, nicht eine neue Partnerschaft – das halte ich heute gar nicht mehr für so wichtig. Mir ist ein Freundeskreis lieber als wieder so eine Langweiler-Zweier-Beziehung.

So kann ich alt werden. So fühle ich mich wohl. Ich muß halt was für mich selber tun – andere tun's nicht!"

„Ich habe mir meine Zukunft eingerichtet!"

Monika:

„Ja, ich habe Angst vor dem Alter. Ich sage das ganz offen, denn ich kann es nicht einfach umgehen, daß ich eines Tages alt sein werde. Da gibt es bestimmte Dinge, vor denen ich Angst habe – also mein Aussehen oder meine Wirkung auf Männer oder solche Themen, die ja viel jetzt bei Frauen meines Alters im Gespräch sind – nein, damit habe ich gar nichts zu tun. Es ist mehr der soziale Bereich. Ich habe eine geradezu panische Angst vor Verblödung, also vor dieser Altersblödheit. Daß ich nicht mehr weiß, was ich tu' und was ich sage. Na ja und das verbunden mit den Folgen: Unterbringung in einem Heim und dort nur mit solchen Menschen zusammen ... ach, das wird mich ja vielleicht dann doch nicht so stören (sic lacht herzlich) – wenn ich selber blöd bin, merk' ich das ja wahrscheinlich nicht mehr.

Nein, mir geht es mehr um den Verlust meiner Würde als Mensch. Und ich mag gar nicht dran denken, was mit alten Menschen in Heimen geschieht. Da braucht man nicht die spektakulären Mordfälle der letzten Zeit zu nehmen, einfach nur diese täglichen Demütigungen. Wie das Essen hingestellt wird, und daß man geduzt wird und daß jeder Ersatzdienstleistende einem den Hintern abputzen darf. Oh, wenn ich daran denke, dann überfällt mich richtig das Grauen.

Vor dem Alterungsprozeß habe ich keine Angst. Ich bin nie eitel gewesen, und ich habe in den letzten zwanzig Jahren, nachdem mein Mann uns verlassen hatte, gelernt, mich zu mögen. Er war sehr dominierend und unterdrückend, und das machte auch nicht vor Beleidigungen halt. Da konnte er manchmal schon recht gemein und primitiv werden. Da war mein Busen nicht straff genug, und an meinen Beinen hatte er auch ständig was auszusetzen. Ich habe zum Schluß nur noch lange Hosen getragen, obwohl ich so gerne hübsche Kleider mit weiten, schwingenden Röcken anhabe.

Aber ich habe dann gelernt, mich zu mögen. Ich kann mich auch heute noch gut im Spiegel angucken. Irgendwann habe ich mal gedacht: Das ist nun mal mein Körper, und es ist mein einziger, und viel anders wird er nicht werden. Und dann hab' ich mal gedacht: Er hat doch nur mich. Ja, da muß ich heute noch lachen drüber. Ich schminke mich nicht, und ich tu' auch nichts mit meinen Haaren. Die sind schon arg grau – aber ich seh' immer nur zu, daß sie frisch gewaschen sind und locker fallen.

Angst vor dem Tod? O Gott, nicht *das* Thema. Das nicht. Darüber *will* ich einfach nicht nachdenken. Ich mag gerne leben, und ich habe mich jetzt in meinem Leben eingerichtet. Ich will leben. Ich will nicht sterben. Noch nicht, noch lange nicht. Und darum will ich auch noch nicht darüber nachdenken. Alles zu seiner Zeit – und diese Zeit ist noch nicht.

Ich weiß nicht, ob es ein Vorbereiten auf das Alter war – aber bei uns hat es natürlich auch einen Bruch gegeben. Nein, ich sage lieber Einschnitt. Und Kehrtwendung. Ich glaube nicht, daß man sein Alter planen kann. Dafür kommt im Leben zu vieles anders, als man möchte. Ich wäre zum Beispiel gerne mit meinem Mann bis an unser Lebensende zusammengeblieben, und ich glaube auch, daß wir das geschafft hätten, wenn er sich mehr auf Ehe und Familie eingelassen hätte. Aber er war einfach zu unreif – das ist er heute noch –, er hat immer nur gedacht, er verpaßt was. In ihm war keine Ruhe.

Ich habe meinen Mann geliebt, und er ist mir auch heute nicht unsympathisch – aber er wollte eben nicht mehr. Ehe enge ihn ein, hat er immer gesagt, und dann ging er eines Tages. Natürlich hatte er so eine kleine Freundin, aber das war wohl nur für den besseren Absprung gedacht. Die hat er bald aufgegeben.

Mein richtiger Einschnitt, der ja aufs Altern hinweist, der kam, als mein Sohn aus dem Haus ging. Er war ein richtiger Nesthocker, und manchmal habe ich schon gedacht: Wie lange will der wohl bei Muttern hocken? Aber ich habe nichts gesagt, denn irgendwie war ich ganz froh, daß alles zwischen uns gutging und er noch ein wenig da war. Er hat nach dem Abitur erst eine Lehre gemacht und hatte auch schon eine

Freundin. Aber ausgezogen ist er erst, als sie dann unbedingt mit ihm zusammenziehen wollte.

Da war ich dann plötzlich alleine.

Es war einfach erst mal die Veränderung im Tagesablauf. Die Organisation war plötzlich eine ganz andere. Und dann, daß da keiner war zum Gespräch. Nicht, daß wir stundenlang zusammengesessen hätten, so war das nicht. Aber eine Mahlzeit haben wir pro Tag schon zusammen eingenommen. Und dann der tägliche Kleinkram. ‚Kannst du heute noch Yoghurt mitbringen' und ‚Nimm bitte den Müll mit runter' oder einfach: ‚Sehen wir uns heute noch?' Jemanden sprechen hören und selber sprechen. Und da war ich auch ziemlich in Gefahr abzurutschen. Wenn ich da meinen Beruf nicht gehabt hätte – da *mußte* ich ja hin, da *mußte* ich aufstehen, da *mußte* ich ordentlich und pünktlich sein. Die Arbeit war damals meine Rettung. Ich neige sehr zum Traurigsein, und das kann manchmal sehr schlimm werden.

Ich weiß nicht, wie es kam, aber einige Zeit später hat mich eine ganz neue Aktivität gepackt. Da kam ich mal nach Hause und hab' gedacht: O mein Gott, ist das eine unordentliche Bude. Ich habe ja sonst immer nur richtig aufgeräumt, wenn sich Besuch angesagt hatte. Überall lag und stand was:

Als mein Sohn auszog, hat er sich natürlich auch nur das herausgesammelt, was er unbedingt in seiner neuen Wohnung haben wollte. Der Rest stand in seinem Zimmer. Ich dachte eigentlich, daß er sein Zimmer leer macht und ich es benutzen kann, aber er hat nur ausgewählt und hat dann gebettelt, ob er sein Zimmer nicht noch behalten kann, damit er das Gefühl hat, er käme noch immer nach Hause, wenn er herkommt. Das mochte ich ihm nicht abschlagen, ein wenig hat das sicher auch gestimmt. Aber das meiste war seine Faulheit, das ist mir schon klar gewesen.

Ich weiß noch, wie ich damals die Räume mit einem sehr kritischen Blick betrachtet habe. Ich hab' es gar nicht wahrhaben wollen, daß wir jahrelang so gewohnt haben. Das war vielleicht furchtbar!

Ich bin dann ganz systematisch darangegangen, habe mir jeden Raum einzeln vorgenommen und habe nur noch sortiert und gewühlt und weggeschmissen. Altpapier, Altkleider, ungetragene Schuhe, abgelegte Handtaschen, noch Kindersachen von meinem Sohn und natürlich auch Spielzeug von ihm, von dem er gar nichts mehr wußte. Das kam alles zum Vorschein. Und viel zuviel von allem: Handtücher, Bettwäsche, Vasen – da hätte man noch zwei Haushalte mit ausstatten können! Ich habe sie alle in die Kleiderkammer einer Obdachlosensiedlung gegeben. Dort verwalten die Frauen die Sachen selber und reparieren kleine Schäden und sortieren nach Größe.

Und weggeschmissen habe ich. Ein paar Möbel habe ich auch in den Keller gestellt, und da wurde die Wohnung plötzlich viel heller und lichter und wohnlicher. Neue Gardinen, im Bad neue Vorlagen, alles schön farbig und sonnig. Das hat plötzlich unheimlich Spaß gemacht – als ich angefangen hatte, konnte ich fast nicht mehr aufhören. Mit Ausnahme des Zimmers meines Sohnes habe ich mir *meine* Wohnung gemacht, nach meinen Bedürfnissen und so, wie ich es schön finde. Das war noch immer unsere eheliche Wohnung und eben auch die Kinderwohnung – nun ist es meine.

Ist das ein Vorbereiten aufs Alter? Ich denke, ja. Ich habe ein Stück für mich selber getan und mir meine Zukunft eingerichtet – im wahrsten Sinn des Wortes – *eingerichtet.*

Ich hoffe ja, daß ich in der Wohnung bleiben kann – auch im Alter. Sie liegt zwar im zweiten Stock, aber ich will mich bewußt beweglich halten. Ach ja, das ist das zweite, was ich damals geändert habe: ich bin körperlich aktiver geworden! Ich gehe jetzt einmal in der Woche zur Sauna, und wenn es nicht gerade in Strömen gießt, fahre ich mit dem Fahrrad ins Büro. Ich will mich gesund erhalten – und dafür beweg' ich mich und achte auf mein Gewicht. Und ich will geistig nicht einrosten. Da weiß ich aber noch nicht, ob ich mir was Besonderes aussuche. Ich habe in den letzten Monaten sehr viel gelesen. Dafür hatte ich früher keine Zeit. Doch, das ist ein bißchen Vorbereitung aufs Alter – aber ich habe das eigentlich immer mehr unter dem Aspekt gesehen: Was fang' ich mit meinem Leben jetzt an, wo ich alleine bin?

Sie haben recht: darin wird sich vermutlich nichts ändern, und ich denke auch, ich habe schon die richtige Richtung für mich eingeschlagen. Ich habe die Augen offen, und ich bin sicher, daß ich merke, wenn was auf mich zukommt, was mein Leben bereichert und was ich für mich ins Leben hineinnehmen kann.

Wichtig war für mich aber damals die Wohnungsumgestaltung. Das war wie ein Reinigungsprozeß. – Das kann ich nur empfehlen. Das gibt ein neues Lebensgefühl!"

Partnerschaft in der zweiten Lebenshälfte – eine Illusion?

Frauen, die mit Mitte Vierzig keinen Partner (mehr) haben, stehen ausnahmslos vor der Frage, in wessen Gemeinschaft sie die nächsten dreißig Jahre verbringen wollen: solo – in Gemeinschaft nur mit sich selber, in losem Zusammenhang mit mehreren Menschen, mit weiblicher Freundin oder mit (neuem) männlichem Partner.

Die gesellschaftlich einzig anerkannte Lebensform, zu der wir erzogen worden sind, ist noch immer die Frau-Mann-Verbindung (staatlich und kirchlich legitimiert), „bis daß der Tod euch scheidet". Nun sind die Verhältnisse aber oft eher anders. Immer mehr Frauen und Männer (erstere dreimal soviel) ziehen frühzeitig die Konsequenzen – und stehen dann vor der Frage eines Neubeginns – so oder so!

Viele Frauen sind – häufig allerdings erst nach der ersten Ehe – realistisch genug, zu wissen, daß in jeder Verbindung nur mit Wasser gekocht wird und daß sich die Alternative nach Sekt oder Selters nur in Zeiten erster Verliebtheit stellt. Dennoch ist es für sie ein langes Abwägen, was von größerem Wert scheint: einen Mann zu haben, dabei Kompromisse und Abstriche zu machen, Auseinandersetzungen auszuhalten, Anpassung bis zur Selbstaufgabe – oder eben ein Leben ohne Mann, was für die meisten gleichbedeutend ist mit: alleine!

Ich habe mit vielen Frauen meines Alters über dieses Problem gesprochen, das für die Zukunftsgestaltung existentiell ist. Auch wenn wir Frauen es nicht gerne zugeben, es ist in unserem Alter über lange Strecken das „Thema Nr. 1" – und nicht nur bei alleinlebenden, ledigen, geschiedenen, sondern überraschenderweise auch bei manchen Ehefrauen.

Das folgende Gespräch mit Mechthild (geschieden, 46 Jahre alt, ein 21jähriger Sohn – außer Haus) faßt im Grunde zusammen, wie viele Frauen in diesem Alter und in dieser Situation über eine neue Partnerschaft denken: Die Sehnsucht nach Gemeinsamkeit, Wärme, Verstandenwerden, die Bereitschaft, das gleiche dem Partner zu geben einerseits – die Skepsis aufgrund eigener Erfahrungen und vielfacher Beobachtungen andererseits, die dann in der entscheidenden Situation überwiegt.

Die Bereitschaft, es immer und immer wieder zu versuchen, scheint bei sehr vielen Frauen gesunken. Es gibt Ausnahmen, aber diese wirken nicht selten infantil-trotzig, und bei den entsprechenden Interviews fragte ich mich und die Gesprächspartnerinnen manchmal, ob sie nicht dazugelernt haben.

„Ich gestalte mir mein Leben aktiv ohne Mann. Da weiß ich, was ich hab' und was ich nicht hab'. Ich habe keine Jahre mehr zu verplempern", sagte Mechthild im Laufe unseres Gesprächs und wiederholte damit nur, was andere Frauen mit fast gleichen Worten ausdrückten.

„Was heißt Kompromiß? Kompromiß würde für mich bedeuten: fifty:fifty. Aber wo ich hingucke – für Frauen ist es immer 90:10. Jedenfalls was die Arbeit angeht, nicht die Rechte! Hast du dich erst mal auf eine neue Liebe eingelassen, dann kannst du auch schon einpacken. Da ist es unheimlich schwer, die Grenze zu ziehen. In dem Moment, wo du Tisch und Bett mit dem Neuen teilst, bist du auch schon seine Putz-, Koch- und Waschfrau. Ich kenne es nicht anders, und ich sehe rundum nichts anderes! Ich kenne keinen einzigen Mann, der selbstverständlich seine Dreckwäsche erledigt, wenn im Nebenzimmer seine Frau sitzt und liest. Nur umgekehrt, da kenn' ich Dutzende!

Aber willst du einen erwachsenen Mann erst dahin erziehen? Nee du, aus dem Alter bin ich raus. Ich investiere meine wenige Zeit nicht mehr in den Versuch, einen Mann hinzubiegen. Das habe ich zweimal probiert und bin jedesmal auf die Schnauze gefallen. Zum Schluß war ich nach tausend Diskussionen immer die Blöde und die Ziege und die Schuldige und die Verliererin.

Die Männer mit ihrem Ruhebedürfnis haben den längeren Atem. Klar doch, bei ihnen geht es ja auch ums Eingemachte. Wenn sie einsichtig wären, hätten sie mehr Arbeit, mehr Verantwortung, weniger Freiheiten. Wer macht das schon freiwillig? Da kriegst du sie nicht hin – nicht freiwillig. Und wenn nicht freiwillig, dann heißt das eben Kampf. Und dazu bin ich inzwischen zu müde. Richtig kampfesmüde, das kann ich so sagen.

Da kannst du mit deinem ganzen Gerede von Partnerschaft nichts ausrichten. Partnerschaft gibt es für Männer nicht – für die ist die Übernahme von Verpflichtung gleichbedeutend mit Versklavung. Die Socken und der Abwasch – das sind nicht einfach Socken und Abwasch, das sind Lebensfragen. Da geht es um die Macht, um die Potenz, um ihre Stellung in der Familie. Diese Fragen spielen sich bei Männern auf ganz anderen Ebenen ab ...

Nein, nein, nein, nicht mehr mit mir. Wenn mich heute jemand fragen würde, wollen wir zusammenschmeißen und gemeinsame Sache machen, dann würde ich sagen: ,Okay, der Haushalt ist dein. Einverstanden?' Dann bliebe immer noch mehr für mich zu tun als heute, wo ich solo bin. Aber solche Aussprüche, die kriegen ja nicht mal Karrierefrauen hin. Die haben dann nicht 'n Hausmann, selbst wenn sie ihn mit ernähren, nee, die zahlen aus ihrem eigenen Portemonnaie die Hilfskraft für den Haushalt, den Babysitter und den Fensterputzer, damit der Patriarch seinen Hobbies nachgehen kann.

Die Frage ist eigentlich für mich erledigt. Natürlich, ich könnte auch jemanden brauchen für die langen Abende und die Wochenenden, zum Ankuscheln und Zusammensein und

– na ja einfach jemanden, der eben auch ‚da' ist. Aber der Preis dafür ist mir zu hoch.

Und was heißt zum Altwerden? Ich finde schon, daß in dem Begriff ‚Gemeinsam-Altwerden' ein großer Reiz liegt. Jemanden haben bis zum Schluß, mit dem man eingespielt ist, mit dem man sich auch ohne Worte versteht. Da hat doch wohl jeder von uns die Sehnsucht nach Dauer und Harmonie und Geborgenheit.

Aber sieh dir doch mal an, wie die Wirklichkeit aussieht! Eine Garantie hast du doch sowieso nicht. Entweder er stirbt fünfzehn Jahre vor dir, oder er findet mal wieder die große Liebe seines Lebens und geht Hals über Kopf. Und dann bist du doch auch wieder alleine – und schlimmer als vorher, denn jedesmal richtest du dich auf Dauer ein. Und wenn er keine Flausen mehr im Kopf hat, hast du doch nur noch 'n Pflegefall herumliegen. Ich seh' das so oft im Kollegenkreis: Viele Männer wollen so lange ihre Freiheit mit allen Konsequenzen leben, bis sie absolut nicht mehr können. Dann tauchen sie plötzlich wieder bei ihren Exfrauen auf und schwadronieren was von Lebenszeitehe und Verzeihen-Können und appellieren an die früheren Versprechen … Und schon wieder hat die Frau den Schwarzen Peter.

Sagt sie ja, dann hat sie ihn als Pflegefall am Hals, sagt sie nein, ist sie die Böse, die nur das Gute mit ihm wollte, aber nun nicht die schweren Jahre mit ihm teilen will.

Oder sie suchen sich gleich 'ne Krankenschwester fürs Alter. Sieh dir doch bloß mal die Heiratsanzeigen an. Ich geb' ja zu, daß ich die immer lese, weil ich denke, vielleicht springt da mal ein Funken über. Wenn der Mann erst mal 50 und drüber ist, will er entweder einen 25jährigen Jungbrunnen oder ab 65 dann eine 45jährige Pflegekraft. Angetraut natürlich, das ist billiger. Nein, so was verstehe ich nicht unter gemeinsamem Altwerden. Das ist höchstens was für Erbschleicherinnen oder Masochistinnen. Und 'ne Witwenrente hab' ich auch nicht nötig. Ich ernähre mich allein.

Was ich mir gewünscht hätte, wäre ein Partner gewesen, der mit mir durch dick und dünn gegangen *ist* und gehen *wird*.

Aber nicht die Schlechten ins Kröpfchen der Ehefrau und die Guten ins Töpfchen der Geliebten. Das ist mir zu unausgewogen.

Nein, heute habe ich weder den Mut noch die Lust zu einem Neuanfang. Ich hab' genug vom Kämpfen in der Partnerschaft und um die Partnerschaft. Wenn ich noch Kraft übrig habe, sehe ich andere Bereiche in unserer Gesellschaft, für die ich sie einsetzen kann. Wo es sich mehr lohnt. Wir Frauen investieren doch unser ganzes Leben lang zuviel Kraft und Zeit in die Männer. Wenn wir diese Kraft in uns selber umsetzen würden ... oder in die Politik – mein Gott, ich darf gar nicht dran denken, wie weit wir schon wären!

Ich würde heute jeder Frau in meinem Alter raten: Tu erst was für dich und dann für die Allgemeinheit. Such dir ein Feld, wo du Spaß hast, wo es für andere was bringt und wo du andere Frauen findest, mit denen du gemeinsame Sache machst. Ist doch egal, was es ist, Hauptsache du hast das Gefühl, dein Leben sinnvoll zu gestalten.

Natürlich hab' ich auch mal Angst, wenn ich ans Altwerden so alleine denke. Mein Sohn ist abgenabelt – von dem hab' ich nicht viel zu erwarten. Die Beziehung zwischen uns ist nicht schlecht – aber der lebt sein eigenes Leben. Auf den kann ich nicht bauen für mein Alter, das weiß ich. Und Enkel, darauf kann ich doch nicht warten – nein, ich muß schon sehen, wie ich allein klarkomme. Was ich mir wirklich furchtbar vorstelle, das ist das Leben so mit Siebzig, wenn ich nur noch in meiner Wohnung hocke und warte, daß Schluß ist. Also das ist ein Grauen. Was hast du denn dann noch? Da bist du froh, wenn du einmal in der Woche zum Kaufmann kommst, um dir deine paar Sachen zum Essen zu holen. Und dann sitzt du in deiner kalten Bude und freust dich über Dieter Thomas Heck oder wen es dann im Fernsehen geben wird. Und eines Tages bist du tot und hast es noch nicht mal gemerkt.

Ja, ich muß nachdenken, was ich sonst noch machen könnte. Also dieses Thema nervt mich so an, das kann ich dir gar nicht erzählen!"

Wollen wir wirklich zuviel?

Wir sitzen zu fünft in Carolas Wohnung. Carola ist von uns die einzige, die immer wieder spontan Zusammenkünfte „einberuft".

Wir fünf haben das Alter gemeinsam – und somit die Themen:

Carola, 43, unfreiwillig getrennt lebend, weil der Mann „mal was Junges brauchte", zwei minderjährige Kinder, halbtags tätig;

Gertrud, 45, verheiratet, zwei minderjährige Kinder, stundenweise berufstätig;

Sabine, 46, geschieden, ein Kind, voll berufstätig;

Ingrid, 46, ledig, kinderlos, dafür mit drei verwöhnten Katzen bestückt;

und ich, inzwischen 47, ebenfalls solo mit Schulkind.

Nach Wohnzimmerbegutachtung, heißer Schlacht am Kalten Büffet und dem allgemeinen Klatsch und Tratsch sind wir beim Lieblingsthema: dem Mann! Spezialgebiet: Sollte Frau in unserem Alter noch mal ... oder sollte sie nicht? Angefangen hat diesmal Carola mit diesem Dauerbrenner – aus aktuellem Anlaß. Sie hat neuerdings einen hartnäckigen Verehrer, der ihr auf Schritt und Tritt folgt und ihr das Blaue vom Himmel verspricht.

Daß Carola noch verheiratet ist, stört ihn nicht und sie nur ein wenig! Wäre es nach ihr gegangen, lebte sie noch immer mit ihrem Mann zusammen, aber dem war plötzlich auf dem Weg durchs Büro eine neue Sekretärin ins Auge gefallen, und gleichzeitig fiel ihm ein, daß seine Ehe ja ohnehin „schon lange nicht mehr das Wahre" sei. So zog er kurzerhand aus und bei der Neuen ein – und hinterließ eine verletzte Frau und zwei verstörte Kinder, die auch jetzt nach zwei Jahren noch meinen, der Vater käme bald wieder. Dieser läßt ihnen gegenüber auch entsprechende Äußerungen verlauten – für immer müsse die Neue ja nicht sein!

Carola glaubt es nicht – und will es inzwischen auch nicht

mehr. „Ich bin doch kein Secondhandshop", sagt sie und stellt dann ihren – noch platonischen – Schatten zur Diskussion. So sind wir schnell in der Diskussion: wollen, brauchen, kriegen … wir (noch) einen (neuen) Mann? Jetzt? Später? Einen Mann fürs gemeinsame Altwerden? Das Thema mag für die einzelne ernst sein – macht es doch einen Teil der Zukunftsplanung aus –, in der Gruppe diskutiert, ist es jedoch ungeheuer belustigend. Keine von uns fünfen scheint sich noch Illusionen hinzugeben – und jede hat aus Vergangenheit und Gegenwart Erfahrungen, die eher das Blut gerinnen lassen als den Appetit anregen würden.

Gemeinsam ist uns auch, daß wir alle keinen Ernährer brauchen. Unsere Gehälter sind zwar sehr unterschiedlich in Höhe und Verläßlichkeit – aber wir ernähren uns gut ohne männlichen Unterhalt (*der* wesentlichste Faktor für Frauen, sich entscheiden zu können, wie und mit wem sie leben wollen!).

Wir analysieren die Situation: Versorger brauchen wir keinen, einen Mann fürs Kartoffeln- und Kohleholen im Zeitalter von Püreepulver und Fernwärme ist auch nicht nötig. „Was fürs Herz" – das ist es! Darüber können wir uns schnell einigen – aber dann geht das Abwägen auch schon los! „Also sooo verwöhnen kann ich mein Herz nicht", sagt Sabine. „Was das kostet– Freiheit, Freizeit, Seelenfrieden!" Und die bereits „Partnererfahrenen" wissen: „Da zahlt man wieder mit Hausarbeit!" „Man sollte sich nicht immer wieder von seinen Gefühlen einlullen lassen, das haben wir doch nun schon alle hinter uns!"

So unterschiedlich unsere Partnererfahrungen sind – mit und ohne Trauschein, sechs bis 22 Jahre Dauer, ein bis drei verschiedene Dauerpartner –, mit Ausnahme der ledigen Ingrid will keine von uns mehr einen Mann in den eigenen vier Wänden haben. Sabine zu Ingrid: „Du glaubst wohl, ein Mann ist so leicht zu versorgen wie deine Katzen, was?" – „Katzen sind nicht leicht zu versorgen, die brauchen viel Zuwendung und Pflege!" – „Männer noch mehr, das kannst du mir glauben. Und du kannst sie noch nicht mal über die Ferien ins Tierheim geben!"

Nachdem wir uns vom Lachen erholt haben, zeigt sich, daß unsere Vorstellungen weit auseinandergehen – wenn's denn schon ein Mann sein sollte! Von der Nachbarwohnung über das angrenzende Stadtviertel bis zu „100 km Entfernung reichen auch noch, das ist nur eine Stunde Autofahrt". Über meine Vorstellungen haben die anderen schon öfter gelacht: „Du brauchst doch keinen Mann, du brauchst einen Chauffeur und einen Reiseleiter!" Ich kann es nicht leugnen – vor allem hätte ich gerne einen Mitreisenden für Fahrten der nächsten vierzig Jahre, die ich nie allein antreten würde: Mit dem Geländewagen durch Grönland und Alaska, mit der Transsib durch Rußland – im Winter natürlich, mit dem Fahrrad durch Italien … aber nicht solo!

Ganz so bedürfnislos scheinen meine Gesprächspartnerinnen nicht zu sein. Aber sie wissen auch aus Erfahrung, daß sie das, was sie gerne hätten, nicht finden werden – was *nicht* am Alter liegt.

Gertrud faßt das Problem präzise: „Geht es um einen Mann oder um einen Partner? 'n Mann findet man allemal, aber keinen Partner. Ich finde, ihr wollt da auch zuviel!"

Über ersteres sind wir uns einig – zweites ist fraglich! Es ist wirklich eine Frage des Abwägens. Keine von uns hat je die Erfahrung gemacht, gleichwertig, gleichberechtigt gewesen zu sein. „Mann im Haus heißt Dienstmädchendasein!" sagt Carola kurz und bündig.

Sabine ist die einzige von uns, die gelegentlich aktiv wird: Sie schreibt auf Heiratsanzeigen und trägt damit stets zur Erheiterung unserer Gruppe bei. Diesmal hat sie wieder Neues parat:

Ihr hatte eine Annonce gefallen, weil sie sachlich war, „… auffallend zwischen all den Golf-Tennis-Segeln-Typen. Das ist doch alles nur nullachtfünfzehn!" Sie hat ihm jedenfalls geschrieben, und er rief postwendend an, um ein Treffen abzusprechen.

„Doch, am Telefon war er sehr sympathisch. Ich habe meine Stammkneipe vorgeschlagen, da hab' ich einen gewissen Schutz und 'nen Heimvorteil. Ich hab' den halben Abend für mein Outfit gebraucht, und manchmal hab' ich gedacht, du bist ja albern, du benimmst dich wie vor dreißig Jahren. Klar war ich auch aufgeregt. Das ist doch schon was. Immerhin ein Anfang! Dann kam er mich abholen – Mensch, der war ja noch aufgeregter als ich. Bei dem hat sich das den ganzen Abend nicht gelegt. Als ich erst mal auf meinem Stammplatz saß, fiel alle Nervosität von mir ab. Auf diesem Platz habe ich schon ganz andere Schlachten geschlagen!"

Beamter war er, 52 Jahre alt, ,ein schmuckes Mannsbild', sportlich durchtrainiert – aber ,total verklemmt'. Und dann hat sich auch innerhalb der ersten Stunde herausgestellt, was er wollte: eine Hausfrau. Seine hatte ihn verlassen zwecks ,Selbstverwirklichung'. Was er davon hielt, machte er deutlich: Nichts!

Er zählte seiner neuen Bekanntschaft penibel auf, was im Haushalt zu tun ist, was der älteste Sohn übernimmt (die Waschmaschine) und was der Jüngere tut (Mülleimer und Autowaschen). Das war alles gut organisiert. ,Aber was *er* tut, hat er nicht gesagt. Wahrscheinlich nichts! Und da die Söhne beide schon volljährig sind, ist abzusehen, wann ich das Auto wasche, den Müll runterbringe und die Waschmaschine bediene! Dafür brauchte er eben eine Frau. Wenn ich noch Zweifel gehabt hätte, die waren dann auch weg – er wollte nämlich gleich meine Wohnung sehen!" Wir lachen schallend – ist die Zeit des gemeinsamen Briefmarkenbeschauens immer noch nicht vorbei?

"Nein, was ihr denkt! Das ist out! Aktuell war der Staub auf den Bücherregalen! Der folgte mir doch in jeden Raum und sah von oben herab auf alle Möbel. War so Format Leuchtturm. Ich hab' immer gedacht, was mag der da nur sehen. Ich muß ja immer auf einen Stuhl steigen, wenn ich mal auf den Kühlschrank gucken will. Ich hab' die ganze Zeit gedacht, ob der gleich mit dem Zeigefinger drüberfährt, aber er hat sich beherrscht. Mein Ex hat immer SAU in Großbuchstaben auf die Bücherbretter geschrieben. Staubgewischt hat der sein Lebtag nicht. Aber wahrscheinlich reichte diesem hier schon der Gesamteindruck!"

Wir lachen. Sabine lebt in künstlerischem Chaos – sehr gemütlich –, aber nichts für einen Hausfrau suchenden Mann, der endlich wieder Ordnung in seinem Heim haben will.

„Das Schärfste war ja dann noch, daß er deutlich sagte, er verlangte natürlich, daß ich weiter berufstätig bleibe! Er verlangt! Also nicht, daß ich nur Hausfrau sein wollte – aber dafür wollte er mich doch. Aber mein eigenes Geld sollte ich doch verdienen, damit wollte er sich nicht belasten.

Wir haben uns dann in aller Freundschaft verabschiedet – der wollte wirklich nichts anderes (Gelächter!), und dann hat er noch einen Klopfer losgelassen: Zum Essen-Gehen könnten wir uns ja ab und zu mal treffen, ich sei so eine amüsante Unterhalterin – aber eigentlich würde er was anderes suchen. Das sagt der, ohne sich was dabei zu denken, das müßt ihr euch mal vorstellen! Typisch, nicht? Hat noch gar keine, fängt aber gleich schon wieder ein Doppelleben an: hier ein Hausmütterchen für den Staub und dort eine amüsante Unterhalterin für die Kneipe. Ich war ja neugierig und hab' ihn nach drei Wochen einfach noch mal angerufen, ob er schon eine hätte. Eigentlich war das ja unverschämt, aber mich hat der Hafer gestochen. Der hat das aber gar nicht so empfunden. Er hat sich über mein Interesse gefreut – das müßt ihr euch mal vorstellen –, da freut der sich, daß ich mütterlich besorgt nachfrage, ob er zu Potte gekommen ist – und dann hat er in aller Ausführlichkeit berichtet, daß er eine Lehrerin gefunden hat, die bald bei ihm einziehen wird. Er sei ganz glücklich. Mensch, was mir erspart worden ist. Aber Blöde finden sich immer, das ist unser Problem. Die Männer brauchen sich ja nie umzustellen."

Sabine ist die einzige mit Heiratsannoncenerfahrung. Ich kann zu dem Thema aber auch beitragen. In Ermangelung einer Witzseite in der „Zeit" lese ich donnerstags die Heiratsanzeigen: beide, Männlein und Weiblein. Da wimmelt es nur so von „schlanken Mädchenfrauen", die sowohl in Jeans als auch im Abendkleid bezaubern. Frauen mit Karriere *und* Kinderwunsch werden gesucht, aber ohne materielle Ansprüche – sie dürfen (!) weiter ihren Jobs nachgehen neben der Versorgung des Paschas, seiner zwei Abkömmlinge und der noch zu erwartenden gemeinsamen. Mich erinnern viele Männerwünsche an bestimmte Stellenanzeigen, in denen der Fachmann mit Doppelstudium, Promotion, Auslandsaufenthalt, Mehrsprachigkeit, EDV-Erfahrung und mehrjährigem Berufseinsatz gesucht wird – aber bitte nicht über 28 Jahre alt!

Die einzige, von der wir zu diesem Thema eigentlich keine Kommentare erwarten, ist Gertrud. Schließlich ist sie glücklich verheiratet. Aber wir haben uns getäuscht. Für Gertrud ist das Thema „Mann" durchaus nicht „Jenseits von Eden".

„Ich habe mich mit der Zeit ja an alles gewöhnt, wenn man sich überhaupt daran gewöhnen kann. Mein Mann ist in Ordnung, und eine andere hat er auch nicht. Aber manchmal frag' ich mich wirklich, warum ich eigentlich verheiratet bin. Nebeneinanderherleben ist schon großzügig ausgelegt. Er lebt in der Wohnung, und ich lebe in der Wohnung – mehr nicht! Bernd kommt im Sommer nie vor 22 Uhr nach Hause, im Winter frühestens um 19 Uhr. Entweder macht er Überstunden, oder er ist im Garten. Damit es sich lohnt, fährt er immer gleich vom Dienst aus dorthin. Da weiß ich nicht mal, wann er gerade wo ist.

Kontrollieren? Warum? Was soll ich denn da erfahren? Ob er um vier Schluß macht und um fünf im Garten ist? Oder um sieben? Für mich ist er doch sowieso nicht da. Und das zählt für mich. Der Garten ist sein Paradies, da hat niemand von uns was zu suchen. Den braucht er zum Entspannen. Wahrscheinlich kann er das nicht richtig, wenn er mich oder die Kinder sieht!

Und die Wochenenden? Die sind auch nicht besser. Sonnabend ist er fast immer zu Schachturnieren unterwegs – quer durchs Land. Wenn's weiter weg ist, hängt er manchmal noch den Sonntagvormittag an, dann muß ich sogar zur Kirche allein mit den Kindern. Wenn er dann endlich kommt, muß er entweder sofort ins Bett, weil er so kaputt ist, oder in den Garten zum Ausspannen. So ist das, seitdem Jens geboren ist. Da war ich auf einmal nicht mehr flexibel genug für alles. Vorher haben wir viel gemacht: gesaunt, zum Tanzen, Kino, bei Freunden, auch mal übers Wochenende. Aber dann mußte ich ja aufs Baby aufpassen! Ich! Nach anderthalb Jahren dann noch Torsten, da war dann gar nichts mehr im Programm.

Doch er war immer ein liebevoller Vater. Wenn er mal da war. Die Jungen hängen auch beide sehr an ihm. Aber wissen tun sie von ihm eigentlich nichts! Wo ist Papa? Im Garten! Das einzige, was er mit ihnen im Winter macht, ist Fernsehen. Oder er macht mal ein Computerspiel mit ihnen. Aber wehe, er verliert dann, dann ist sofort Schluß.

Nein, natürlich habe ich mir meine Ehe so nicht vorgestellt. Aber warum sollte ich mich trennen? Das ist doch kein Grund. Vielleicht haben wir auch wirklich alle zuviel Flausen im Kopf." (Wir protestieren laut und deutlich.) „Ja, ich finde, man muß doch sehen, was man hat, wenn man alles aufgibt. Soll ich die Kinder zur Disposition stellen? Wenn wir uns trennen würden, würden die doch bei mir bleiben. Was will er denn mit ihnen? Wenn er Zeit hätte, könnte er sich ja heute auch schon um sie kümmern. Und ich hab' ja nichts auszustehen. Er trinkt nicht, er tut mir nichts, und manchmal gehen wir ja auch zusammen weg. Und wenn bei ihm was im Dienst ist, gehe ich auch mit zur Feier.

Ach Kinder, ihr müßt das anders sehen. Ihr wollt zuviel. Wirklich. Das ist in einer Ehe nicht drin. Das einzige, worauf ich achte, ist, daß ich mir so langsam wieder meine eigenen Dinge aufbaue. Er läßt mir da auch völlig freie Hand. Im Moment ist es so, daß er gar nicht mitkriegt, wenn ich nicht da bin. Aber es würde ihn auch nicht stören. Er sagt immer: ‚Klar, mach doch!' Ich versuche immer zu sehen, was ich hab', und nicht, was ich nicht hab'. Ja, was fürs Herz! Ich würde mich auch mal wieder gern als Frau fühlen. Und wenn ihr so erzählt vom Männerkennenlernen, dann denke ich auch manchmal, das kann doch nicht alles gewesen sein. Aber so ist es nun mal. Und wenn ich ans Alter denke – also, wenn wir so zusammen alt werden, ist es doch vielleicht nicht mal das Schlechteste! Besser als nichts!"

Frau sucht Mann

Zu Hause angekommen, raffe ich mir die neueste „Zeit" heran. Anderthalb große Seiten Suche ... und das jede Woche! Nun will ich mal sehen, wie der Markt für uns Frauen aussieht.

Auf 36 Gesuche von Männern kommen 72 von Frauen! (Heute jedenfalls – aber es ist an anderen Donnerstagen nicht viel anders!) Die jüngste suchende Frau ist 29, die älteste 60 (soweit sie ihr Alter angeben und nicht nur „ältere Dame" schreiben). Die Mehrzahl ist 43–48 Jahre alt. Die Umschreibungen der Wünsche sind nebulös: „Zwischen Distanz und Nähe" möchte „scheue Frau" den „außergewöhnlichen Mann" „fürs Leben" – mit Fragezeichen dahinter! Der „lebendige Mann" wird gesucht, der seine „Hand auf ihrer Schulter ruhen läßt". Unendlich viele „Pendants" werden gesucht und einzelne „Herren", die „ein gepflegtes Ambiente zu schätzen wissen"! Wenige sind konkret: eine will „mit nach Kanada", eine sucht einen Vater für ihren Sohn (12), ... ansonsten muß er „stattlich", „liebevoll", „gleichgesinnt" und „ernsthaft" sein! Welcher Mann möchte all das nicht von sich behaupten?

Und was *bieten* die Männer diesen suchenden Frauen? Erst mal sind es nur halb soviel. Dann sind sie im Durchschnitt um acht Jahre jünger als die suchenden Frauen und suchen natürlich (!) noch Jüngeres!

Es findet sich da der „Noch-Idealist", der „Waagemann", der „Freiberufler", aber auch der „gewöhnliche Frosch", der von einer „couragierten Prinzessin geküßt" werden möchte. Der „sensible Optimist" ist anzutreffen, der „Waldläufer", das „prachtvolle Mannsbild", der „pfiffige Mann" und der, der den Frauen erst mal Mut macht („Nur Mut, Mädels!").

Und wen suchen diese „neuen Männer" nun? Die „leidenschaftliche Partnerin bis 36, z. Z. emotional unabhängig"; einer anderen soll „Sein wichtiger sein als Haben" dabei soll sie Vorliebe hegen für „Jeans, Dessous und schöne Schuhe". Die „multitalentiert-verkrachte Existenz" sucht eine Frau für „Urlaub auf nahen und fernen Inseln" (wer zahlt, wenn er verkracht ist?); anhanglos soll sie fast immer sein – es sei denn, „er" hat auch noch Anhang zu versorgen (das macht „sie" dann in einem Abwasch!). Aus „Paritätsgründen" soll „sie" „aus großbürgerlichem Hause stammen", Geld haben, finanziell unabhängig sein (damit er nicht noch für ihren Unterhalt aufkommen muß!). Nikotinfrei, herzlich und naturverbunden (die grüne Welle rollt auch durch die Ehen!), humorvoll, zuverlässig „und manchmal anlehnungsbedürftig", natürlich darüber hinaus!

„Tief im Süden meines Herzens" sehnt sich „ein gutaussehender Dipl.-Ing." nach der „hübschen, femininen Partnerin" ...

Kein Trost, daß dem „unabhängigen Winnetou-Einstein" „bang ist wie einem Gänseblümchen, das darauf hofft, gepflückt zu werden" – wenn ich mir die Alterswünsche ansehe: 41jähriger sucht 28jährige; 49jähriger sucht 30jährige; der 43jährige macht's immerhin bis 36, der Knabe Anfang 30 will lieber bei 20–26 bleiben. Der 56jährige ist mutig und geht in seinem Wunsch immerhin bis 45 – der Extremfall fehlt diesmal: kein Sechziger, der mit einer 21jährigen noch einmal auf einer Südseeinsel neu beginnen möchte ...

Ein hoffnungsloses Unterfangen! Mit der schönsten aller Annoncen gehe ich getrost ins Bett: „Herr, stark (!) und sensibel" (natürlich auch attraktiv!), „kein Macho" (!), sucht die „emanzipierte Schöne", „weil du mir gehören willst. Deine Hilflosigkeit ist Deine Macht! Verlorene, schreibe ..."

Wie sagte eine Freundin: „Haben wir *das* nötig?" Haben wir das wirklich nötig? Oder was läßt die Frauen auch noch nach vielfältigen schlechten Erfahrungen nach einer neuen Partnerschaft suchen?

Sind wir auf Alleinleben so wenig vorbereitet? Und meinen wir, es ginge nur in enger Gemeinschaft mit „dem" Mann?

Natürlich wird eine Frau, die ohne Mann lebt, als minderwertig angesehen. Sie hat keinen abbekommen, oder sie hat ihn nicht halten können oder ist ihm davongelaufen – eines so schlimm wie das andere!

Daß alleinstehende Frauen zu „Gesellschaften" selten eingeladen werden, wenn sich dort nur Ehepaare treffen, ist ein offenes Geheimnis. Freundschaft zwischen Mann und Frau scheint schier unmöglich – jedenfalls dann, wenn beide etwa gleichaltrig sind und keine anderweitigen Partner (Sexualpartner!) haben! Leben zwei Frauen miteinander, handeln sie sich sofort den Ruf von „Lesben" ein! Frau kann machen, was sie will, wenn sie nicht in der Nullachtfünfzehn-Verbindung Mann – Frau lebt, ist sie abqualifiziert! Es gehört viel Stärke, Mut, Gleichmut und Selbstbewußtsein dazu, „anders" zu leben!

Und es gehört auch dazu, von der eigenen Lebensform überzeugt zu sein. Eine Frau, die eben nur mit einem Mann leben zu können meint, wird nie überzeugend eine „Single" abgeben, wird nie zufrieden sein und wird ihre Unausgeglichenheit wie ein Schild vor sich hertragen! Ein Trost mag es sein, daß es vielen Männern ähnlich geht, so daß sich irgendwann immer noch Herz zu Herz und Wohnung zu Wohnung findet …

Hanna kenne ich seit knapp zehn Jahren – ich kenne sie nur mit Männerproblemen: entweder liiert und klagend oder gerade auf der Suche nach dem neuen, dem endgültigen Glück:

„Ich kann Partnerschaft doch nicht als Utopie abtun!"

Hanna:

„Allein leben?" Hanna sieht mich fassungslos an. Daran hat sie noch nie gedacht – und angesichts ihrer Mimik glaube ich es ihr sofort! Das war und ist außerhalb jeglicher Diskussion.

Hanna ist 42 Jahre alt und hat noch nie in ihrem Leben länger als eine Woche allein gelebt: Von den Eltern zog sie nach dem Abitur in eine kleine Wohngemeinschaft – zunächst noch ohne Intimpartner. Ab drittem Semester zog ihr erster Freund dazu, nach dem ersten Examen schlidderte sie sofort in die Ehe mit einem achtzehn Jahre älteren, wohlhabenden Mann, bei dem sie sich im Fach Kunst für ihr Studium gelegentlich etwas know-how geholt hatte.

Der Ehemann begriff sie schnell als sein Werk. Kinder wollte er nicht, sie würden ihn einengen und ihm seine Kreativität rauben. Also verzichtete Hanna – noch lange, bevor sie sich selber über einen eventuellen Kinderwunsch klargeworden war. Da ihr der Kunstunterricht an der Schule nicht zusagte, wollte sie sich gerne als freischaffende Künstlerin selbständig machen – ihr Mann verdiente für solche Experimente genug. Auch das durfte sie nicht! Dabei ging es ihm nicht ums Geld – wohl eher um die Konkurrenz. Der Künstler war er, und sie war seine Muse. Im Hinblick auf ihre Zukunft sollte sie sich auch ihr eigenes Geld verdienen – im staatlichen Dienst mit Pensionsberechtigung („Da hat er ganz gezielt vorgebaut, denke ich heute!"). So brachte sie dann über viele Jahre als Halbtagslehrerin ihr festes Gehalt mit ein und ernährte und unterhielt sich davon selber.

Ihr Mann ließ seine Frau „ein großes Haus" führen und hielt Hof. Hanna fühlte sich zunehmend wie ein unmündiges Kind behandelt. Sie war seine Putz- und Hausfrau, sein Schmuckstück zum Vorführen – jedenfalls noch zu Beginn der Ehe, seine häusliche Organisatorin, seine Krankenschwester und Trösterin, seine Beichtmutter und Wiederaufrichterin. Nach elfjähriger Ehe, die sich nicht nur nicht weiterentwickelte, sondern wechselte zwischen Stagnation und Rückschritt, war für Hanna der Augenblick gekommen, an dem sie so mit ihrem Mann nicht mehr weiterleben wollte.

„Er machte Karriere, war gefragt, bekam inzwischen sogar große staatliche Aufträge, fegte durch die Welt, fühlte sich nur noch wichtig und nahm mich schon gar nicht mehr zur Kenntnis. Manchmal hatte ich das Gefühl, daß er sich darüber wunderte, daß ich da in seiner Wohnung herumsaß, wenn er mal zwischen zwei Flügen zu Hause reinschaute. Ich war die kleine Maschine, die bei Bedarf stets und ständig funktionierte. Wenn er weg war, war ihm das egal. Wenn er kam, wunderte er sich, daß es mich gab, und dann fiel ihm auch plötzlich ein, womit er mich beschäftigen konnte. Ich war das Element, auf das er immer rechnen konnte – und das hat mich wahrscheinlich so wertlos gemacht für ihn. Eigentlich war ich nichts anderes als ein Möbelstück für ihn geworden – wie der ‚stumme Diener' im Schlafzimmer. Zu benutzen, immer da, immer funktionsfähig, auch irgendwie wichtig – aber eben ohne Seele.

Daß er nebenbei immer noch andere Frauen hatte, war fast klar. Das war von vornherein von *ihm* klar. Er hat das auch schon ziemlich am Anfang unserer Ehe gesagt: nicht wie ein Geständnis oder eine Beichte, sondern wie eine Selbstverständlichkeit. Genauso in demselben Tonfall, in dem er mir zum Beispiel mitteilte, daß er über lange Zeiten seines Lebens immer mal als Vegetarier lebt. Als Künstler brauche er das, das beflügele ihn. Eine sterile Jedermann-Ehe sei nichts für Männer wie ihn. Das hatte ich damals geschluckt, und ich habe auch nichts gesagt – das hätte wohl auch wenig Zweck gehabt! Und außerdem habe ich ihm innerlich ja auch ein bißchen die Berechtigung dazu zugestanden. Irgendwie gehört das nun mal zum Image eines großen Künstlers – das kannte ich ja auch aus Künstlerbiographien.

Aber in der Praxis hat sich das doch als sehr herb für mich herausgestellt. Er hat das nicht etwa heimlich gemacht, sondern ganz offiziell. Diese Frauen gehörten fast immer zum Kreis seiner Bewunderinnen, und er hat sie dann einfach so mitgenommen. Die boten sich ja geradezu an. Ich glaube nicht, daß ihn auch nur eine davon sonderlich berührt hätte. Aber mich hat es mehr und mehr berührt, vor allem je mehr ich merkte, wie sehr mein eigenes Leben neben ihm auf der Strecke blieb.

Bei der letzten ging es mir dann besonders gegen den Strich. Die hatte er auf einer Session kennengelernt, und die brachte er dann einfach mit nach Hause. Das hat er öfters gemacht – aber da waren dann immer noch andere Gäste dabei, da ging das dann ein bißchen unter. Aber die brachte er alleine mit. Er stellte sie mir vor, und sie wußte genau, wer ich war. Sie behandelte mich jedenfalls so, als sei ich in meinem eigenen

Haus das Personal. Und sie tat so, als sei ihre Nachfolge schon gesichert.

Was ich damals gefühlt habe? Ich weiß es nicht mehr. Aber bestimmt war da keine Wut. Das kam ja auch nicht plötzlich, das war ja eine lange, langsame Entwicklung! Und ich habe mich eigentlich nur noch wie eingenebelt gefühlt in dieser dumpfen Atmosphäre. Das war doch nur noch ein Funktionieren von Tag zu Tag.

Ja und da war dann Schluß. Diese letzte Frau – die hat er übrigens bald abgestoßen, das wurde nichts Ernstes! –, die hat mir doch ein bißchen die Augen geöffnet. Eigentlich müßte ich ihr dankbar sein! Ich weiß nicht mehr, was mir die Kraft gab – aber eines Tages habe ich einfach einen Koffer mit Kleidern gepackt und habe bei meinen Eltern um Asyl gebeten.

Die fielen aus allen Wolken. Die dachten doch tatsächlich, ihre Tochter würde mit diesem tollen Typ das große Los gezogen haben. Mein Vater hatte mehr Verständnis – der wollte mich da irgendwie beschützen. Aber meine Mutter sah nur die gute Partie an der Seite dieses erfolgreichen Mannes. Als Frau müsse man sich eben fügen und bei so einem Genie müsse man eben auch ein Mehr an Verständnis aufbringen. Und so weiter!"

Das war im wesentlichen Hannas Ehe – aus ihrem Blickwinkel. Ihr Mann war noch lange Zeit „unendlich gekränkt. So als hätte ihm jemand sein liebstes Spielzeug geklaut, mit dem er zwar nie mehr gespielt hat, das ihm doch aber gehörte." Er ließ sich sehr schnell scheiden, nachdem er sie immer wieder der Undankbarkeit zieh. Hanna durfte sich noch ein paar persönliche Sachen aus dem gemeinsamen Haushalt holen, auf gemeinsame Anschaffungen wagte sie gar nicht hinzuweisen, die blieben undiskutiert bei ihm.

Unterhalt zahlte er nicht. Als freischaffender Künstler ohne festes Einkommen sei ihm das nicht zuzumuten, außerdem habe ja sie ihn verlassen und nicht umgekehrt, und zum dritten habe sie ja immer gearbeitet und Kinder seien auch nicht zu versorgen. Er habe sie gerne „lebenslang" behalten wollen, schließlich sei es eine christliche Ehe gewesen („Zu der Zeit hatte er gerade einen Auftrag von der Kirche!"). Hanna meinte damals, daß ihr Mann diese materielle Situation genauso geplant hätte, wie sie dann eingetroffen sei. „Er hat sich meine Liebe zunutze gemacht, mich ausgenutzt, sein eigenes Leben geführt, ohne mich überhaupt noch wahrzunehmen. Und genauso spurlos bin ich dann für ihn ja auch verschwunden. Spur-los! Ich habe für ihn keinerlei Spuren hinterlassen!"

Hannas Mann heiratete drei Wochen nach Rechtskraft der Scheidung eine neue Muse. Sie selber zog in ein kleines Appartement, weil die Eltern sie auf Dauer nicht in der eigenen Wohnung behalten wollten. Und von dort hielt sie Ausschau nach einem neuen Mann, der sich auch alsbald einstellte. Das Schema war das gleiche: Der Mann viel älter, sie in der Rolle des kleinen, dummen Mädchens und dann zunehmend als Hausfrau, Putzfrau, Waschfrau. Klug geworden (wenn auch nicht allzusehr!), trennte sie sich schnell wieder. In den letzten acht Jahren hat sie eine Beziehung nach der anderen hinter sich gebracht – immer auf der Suche nach einem Lebenslang-Partner.

Zu Beginn einer jeden Beziehung umsorgte und betüterte sie den neuesten lover, war ihm Hausfrau, Mutter und Geliebte – und wenn sie dann meinte, nun könne die Beziehung langsam auf Richtung Partnerschaft und Gleichberechtigung hinauslaufen, sah sie sich getäuscht. Die Beziehungen waberten dann jeweils noch ein bißchen hin und her – und nahmen dann alle das gleiche Ende. Mit dem (nur innerlichen!) Schlachtruf „Nie wieder Sklaverei" schmiß sie ihre Schmarotzer raus – und saß dann da und betrauerte ihr Schicksal.

„Ich kann Partnerschaft doch nicht als Utopie abtun! Sie *muß* doch machbar sein. Ich bin doch auch bereit, zurückzustecken! Sieh mal, ich bin jetzt Anfang Vierzig. Kinder habe ich keine – ich kann doch nicht den Rest meines Lebens allein bleiben! Das sind doch noch dreißig Jahre! Und die Schule, die hängt mir doch schon lange zum Halse hinaus – die ist kein Lebensinhalt. Damit verdiene ich meinen Unterhalt – mehr ist das doch nicht!"

Und der aktuelle Stand? Gerade hat sie einen „Neuen" kennengelernt. Leider noch verheiratet. Jaja, sie weiß ... aber mal muß er doch kommen, der Einzige, der Für-sie-Geschaffene. Andere Frauen finden doch auch Männer, und das geht gut. Und sie sieht doch gut aus und hat ein eigenes Einkommen, da ist sie doch auch keine Belastung für einen Mann ...

Während Hanna von Mann zu Mann und von Enttäuschung zu Enttäuschung hastet, weil sie nicht in der Lage ist zu begreifen, worin *ihr* Fehler liegt, probte Sigrid (46) unfreiwillig das Alleinleben. Fünf Tage ohne Sohn, ohne Kontakte, ohne Ansprache in der Wohnung, und in ihr bricht alles zusammen: die Osterplanung – aber auch die Sicherheiten, die sie für die Zukunft zu haben meinte.

Einsamkeit hat sie „nie gepackt" – und damit befindet sich Sigrid in guter Gesellschaft: Immer noch gehen viele Frauen von der Hand des Vaters in die Hand des Mannes über – selbst wenn sie einen Beruf erlernt haben (das aber der Kosten wegen vom mütterlichen Herd aus!). Selten leben sie vor einer Eheschließung einige Jahre allein und proben *diese* Lebensform! Der Schock war eine Warnung – Sigrid hat noch Zeit, sich auf die nächste Zukunft einzustellen.

„Die Einsamkeit, die hab' ich nie gepackt!"

Sigrid:
„Du kommst mit deiner Fragerei gerade richtig! Vorige Woche hätte ich dir zu diesem Thema noch ganz andere Sachen erzählt. Aber inzwischen ...! Ich hätte nie gedacht, daß so ein paar Tage einen ganz umdrehen können. Tage, an denen gar nichts geschieht, nur so.

Ich erzähl' das mal von Anfang an. Also, 46 bin ich jetzt und leb' mit meinem Sohn Sven zusammen. Sven ist 18 und geht noch in die Schule. Wenn er sich mal endlich daransetzen würde, könnte er das Abi im nächsten Jahr ohne weiteres schaffen. Aber wenn er so weitermacht, muß er wohl noch 'ne

Ehrenrunde drehen. Auch wenn du lachst: seit diesem Wochenende wär' mir das sogar ganz lieb.

Ja, wir hatten Ostern, und Sven ist mit seiner Freundin rüber in die DDR. Sein Mädchen hat dort Verwandte, und da konnten sie umsonst wohnen.

Ich hab' mich richtig gefreut. Mal fünf Tage alleine. Mal nicht reden müssen, ausschlafen, rumgammeln. Samstag wollte ich einen Stadtbummel machen, hatte mir extra noch ein bißchen Geld von der Sparkasse geholt. Ich wollte mal so richtig gut zu mir sein und bummeln und genießen ... na ja, du verstehst schon: Alles, was man mit Kind und Beruf eben über all die Jahre nicht kann.

Und dann? Nichts war! Ich war nicht in der Stadt, ich habe nicht gemütlich gebummelt, ich habe kein Buch gelesen, war nicht im Kino. Nichts. Tote Hose. Was ich gemacht hab'? Mensch, frag nicht! Ich hab' *nichts* gemacht. Ich habe voll durchgehangen. Morgens war ich immer um Viertel nach sechs wach wie jeden Tag. Und statt wieder einzuschlafen und mal so richtig auszuschlafen, habe ich dagelegen und hab' gegrübelt. Dann überkam mich voll das Selbstmitleid, und ich hab' geheult wie ein Schloßhund. Und vor elf bin ich dann nie aus dem Bett gekommen. Schade um die schöne Zeit –. Ich hab' mir auch immer wieder gesagt: Nun stell dich nicht selbst schon wieder unter Leistungsdruck – auch noch mit Freizeitvergnügen. Aber das war es ja gar nicht. Ich war wie gelähmt all die Tage. Das habe ich schon ganz lange nicht mehr gehabt. Aber ich kenn's von früher. Das sind richtige Depressionen. Ich bin dann völlig unfähig, aktiv zu werden. Am liebsten tu' ich nichts. Ich bring' es noch nicht mal fertig, mir eine anständige Mahlzeit zu machen, vom Tischdecken ganz zu schweigen. 'ne Scheibe Brot auf den Teller, ein Topf Kaffee, das ganze aufs Tablett und damit aufs Sofa – grauenvoll!

Und wie ich das von früher kenne! Als ich noch alleine lebte, bevor ich damals heiratete. Ich dachte all die Jahre mit Kurt und Sven, ich bin drüberhin. Aber das war nur die veränderte Situation. Solange man Mann und Kind um sich hat und dann noch Beruf und Haushalt, da bleibt oft nur noch der

Wunsch nach Ruhe und Alleinsein. Als Kurt damals auszog, habe ich überhaupt keine Lücke empfunden. Zum einen hatte ich ja Sven, der mich damals noch sehr brauchte. Er war gerade zwölf geworden. Und dann kam dazu, daß ich Kurt mit seinem autoritären Gehabe einfach nicht mehr ertragen habe. Ich wollte ihm nicht mehr wie ein kleines Mädchen gehorchen, und ich wollte ihn auch nicht mehr von morgens bis in die Nacht bedienen. Von mir aus hätte ich damals noch keine Trennung geschafft, aber als er plötzlich auszog, weil er eine andere kennengelernt hatte, da war ich zwar erst mal geschockt – wegen der anderen Frau –, aber dann war ich maßlos erleichtert. Maßlos! Ich hatte wochenlang das Gefühl, endlich tief durchatmen zu können, und ich dachte immer, jeder kann mir ansehen, wie groß und gerade (sie lacht, sie ist 1,62 m „groß") ich plötzlich rumlaufe.

Aber wieder zu Ostern jetzt. Das war das erste Mal, daß Sven so lange weg war … Nein, das stimmt ja gar nicht! Was war denn anders? (Sigrid denkt lange nach.) Nein, das ist wirklich nicht wahr. Aber eines war diesmal anders: Wenn Sven mal eine Woche Urlaub mit seinem Vater verbrachte – war nicht oft, sein Vater hatte dazu gar nicht den Drang –, dann war ich eben auch verreist. Dann bin ich immer ruckzuck abgehauen. Mal zu einer Freundin nach Frankfurt, mal in so ein kleines Kaff an der Nordsee. Und wenn er mal an den Wochenenden zu seinem Vater fuhr – auch nicht gerade oft –, dann war ich so erleichtert, mal die zwei Tage für mich zu haben … Aber fünf Tage. Und dann nichts los in der Stadt, alles dicht.

Du wirst sicher lachen – weißt du, was ich gemacht habe in meiner Verzweiflung? Ich bin über Ostern zweimal in die Kirche gegangen. In eure! (Ich lache wirklich – Sigrid und Kirche!) Nicht wie du denkst – also nicht, weil ich mir nun göttlichen Trost holen wollte –, daran glaube ich nicht! Ich mußte einfach unter Menschen, und ich dachte, vielleicht treff' ich auf der Straße oder in der Kirche jemanden, den ich kenne. Nur so, für ein paar Worte quatschen. Oder ganz locker fragen: Wollen wir zusammen einen Kaffee trinken?

Aber nix! Karfreitag war ich da, und da hab' ich gedacht: Na klar, das sind deine Leidensgenossinnen. Die Kirche war ziemlich voll, also bestimmt zu vier Fünftel besetzt. Und was soll ich dir sagen? 95 Prozent Frauen, die alleine kamen, ab meinem Alter ungefähr! Junge Leute gar nicht, und der Rest war eine Handvoll Ehepaare. Die Männer fielen richtig auf. Aber kein einzelner Mann, kein einziger! Nicht jung, nicht alt! Und da hab' ich die ganze Zeit über gedacht: Verdammt, das ist die Scheiße bei uns Frauen. Zwanzig Jahre haben wir gerackert, haben uns fertigmachen lassen in der Ehe, haben Kinder großgezogen und natürlich noch unser eigenes Geld verdient, damit wir was Eigenes in der Hand haben und nicht auf Gedeih und Verderb dem Mann ausgeliefert sind – und wenn wir Mitte Vierzig sind, dann können wir auf den Müll. Mann weg, zu 'ner anderen natürlich, fünfzehn Jahre jünger als ich, ausgeruht und unverbraucht, Kinder will diese Dame natürlich nicht. Kind groß, und dann sitzt du am Karfreitag mit hundert anderen Frauen ab Mitte Vierzig und hörst dir die Trauergesänge an.

Du, ich muß dir sagen, daran werde ich noch lange zu knakken haben, das steck' ich nicht so weg! Ich sag' mir zwar immer: Der Tag mußte kommen, und es ist gut, daß du das so bewußt erlebst ... aber ich kann mir nicht helfen, in mir ist was kaputtgegangen!

Vielleicht war dieses Ostererlebnis ganz gut – früh genug, damit ich mir was überlegen kann für später. Aber heute weiß ich noch gar nicht, wo das langgehen könnte! Ich fühle nur diesen ungeheuren Druck: Du mußt was tun, du mußt was planen, sonst gehst du vor die Hunde.

Ob ich Angst vor dem Alter habe? Na, du bist gut – nach dem, was ich dir eben erzählt habe! Natürlich habe ich Angst. Aber eigentlich ist die Frage falsch gestellt – ich habe keine Angst vor dem Alter, vor Falten, grauen Haaren und so. Ich habe eine panische Angst vor der Einsamkeit. Denn die kommt ja jetzt auf mich zu. Das war ein Vorgeschmack, ein Warnschuß. Damit ich weiß, wo es langgeht.

Aber die Einsamkeit. Du, die habe ich nie gepackt. Ich konnte nie gut alleine sein. Ja, mal so einen Tag oder ein Wochenende. Aber mehr? Schon allein die Urlaube früher, bevor ich Kurt kennenlernte. Mein Gott, was hab' ich mich schwergetan. Das war immer ein Gewaltakt. Wenn ich erst mal anfing, nachzudenken und zu planen, war schon alles vorbei. Da wußte ich – da kann ich gleich zu Hause bleiben, das pack' ich nie! Allein durch irgendwelche Städte laufen oder womöglich noch in einem fremden Land? Oder wo einem Männer hinterherlaufen, weil man als Frau allein Freiwild ist.

... Also eine neue Liebe hätte mich schon interessiert. Aber nicht nur ein Urlaubsflirt, der dann 500 km von mir entfernt wohnt. Und schon gar kein Ehemann!

Ich meine, das Problem wird sich ja für mich in den nächsten Jahren nicht stellen. Von einer Fünfzigerin denkt wohl niemand, daß die noch nach einem Mann schielt.

Ach, es ist ja nicht der Urlaub! Das ganze Leben! Von Montag bis Montag alleine in der Wohnung. Da krieg' ich Panik, wenn ich nur dran denke. Morgens nur das Radio, nachmittags die leere Wohnung, abends nur den Fernsehansager und dann noch die Wochenenden! Laß uns bloß von was anderem reden! Oder erzähl mal, wie es dir damit geht. Du bist doch im selben Alter!"

Wer bleibt fürs Alter?

Wie es mir im gleichen Alter geht, habe ich Sigrid dann erzählt.

Noch (?) geht es mir anders als ihr. Der wesentliche Unterschied zwischen uns beiden scheint zu sein, daß ihr Sohn achtzehn und meiner zwölf Jahre alt ist. Mein Alltag wird somit absorbiert von der Schule meines Sechst-Kläßler-Kindes: Englisch-Vokabeln, Mathe-Nachhilfe, Suche nach Antarktis-Material nehmen meine Zeit in Anspruch. Der Bluterguß am Knöchel und die Kratzwunde an der Schläfe als Pausenergebnisse beschäftigen mich pflegerisch und emotional. Die permanenten Auseinandersetzungen um die (zu vielen!) Hausaufgaben bringen meinen Adrenalinspiegel auf Trab (zumal ich

ständig gegen meine eigene Überzeugung „erziehen" muß!).
Stadtelternratssitzungen, Sammlung für die Sporthalle, Vorbereitung von Klassenwanderung und Adventsnachmittag, Diskussionen um radikale Tendenzen in der Schülerschaft „befriedigen" meinen Bedarf an Sozialkontakten im Übermaß ... da atme ich tief durch, wenn mal ein ganz freies Wochenende ansteht. Für Einsamkeit bleibt da nicht viel Zeit – im Notfall wird sie verschlafen. Am Schlaf mangelt es immer.

Aber ich wiege mich nicht in der Illusion, daß Sigrids Ostererlebnisse mich nie betreffen werden. Es ist eine Frage der Zeit – auch mein Sohn ist bald flügge, die Schule beendet, die entsprechenden Sozialkontakte damit erloschen!

Im Gespräch mit Frauen, die – nicht wie ich – ihre Kinder erst in letzter Minute bekamen, blitzt mir hin und wieder auf, wie es mir gehen wird, wenn ich dem nicht vorbeuge.

So habe ich nach dem Interview mit Sigrid zu meinem Adreßverzeichnis gegriffen und die mehreren Dutzend „Freunde" Revue passieren lassen im Hinblick auf die Frage: Wer bleibt fürs Alter? Überzeugend war die Auswahl nicht!

Zunächst sind die Adressaten in drei Teile zerfallen, von denen die beiden größeren schon für heutige Privatbedürfnisse entfallen!

– Die größte Gruppe sind die Uralt-Freundschaften, die nach 20 bis 30 Jahren so nichtssagend geworden sind, daß wir uns gegenseitig nur noch einmal jährlich zu den Geburtstagen einladen. Nicht aus Herzlichkeit, sondern aus Gewöhnung, weil die anderen ja auch einladen, weil seit Jahrzehnten der gleiche Gästestamm zusammenkommt und wegen der Masse!

Seltene Telefonate beginnen regelmäßig mit dem Vorwurf: „Von euch hört man ja gar nichts mehr!" und werden beantwortet mit: „Na, von euch aber auch nicht!" Da ist nichts (mehr) an Individualität und Intimität, von Verstehen und Zuneigen – und da ist nicht eine(r) mehr, den ich anrufen würde, wenn ich jemanden zum Ausweinen bräuchte! Fürs Alter sind sie also abzuhaken!

– Die zweite fast gleich große Gruppe sind die beruflichen „Freundschaften" – diese nur so genannt, weil es mit manchen

Kollegen eben etwas mehr an Vertrautheit gibt als mit anderen. Auf keinen Fall jedoch Vertrautheit genug, um irgend etwas im Leben gemeinsam zu machen – außer dem Büroklatsch „wer mit wem" und „warum die nicht mehr" und „hast du schon gehört?" Da ist zuwenig Wissen um den anderen – wohl ahnt man die Trennung der Ehe A. und hört flüstern von massiven Erziehungsproblemen der Familie B. – aber dabei bleibt es dann auch. In die Alkoholikerkarriere mischt man sich ebensowenig ein wie in die innerbetrieblichen Zänkereien, und wenn plötzlich eine Todesanzeige im Brieffach liegt, hält man erschreckt inne und fragt: „War er denn krank?" Wo sich über die Jahre nichts bewegt hat, wird sich auch heute und für die Zukunft nichts bewegen!

– Und dann kommt der „Rest" – der viel zu kleine! Die lieben treuen Freunde, die schon ein spürbares Loch hinterlassen, wenn sie sich für vier Wochen Südfrankreich-Urlaub verabschieden. Eine Handvoll!

Ob sie bleiben werden fürs Alter? Was sie wohl für Pläne haben? Vor allem aber: sind bei ihnen auch schon irgendwelche Überlegungen im Gange – und wenn ja, welche? In den folgenden Wochen frage ich herum – und bin erstaunt! Es scheint eine Epidemie zu sein: Alles, was zwischen Vierzig und Fünfzig ist, ist mit diesem Thema beschäftigt!

Erika will erst mal ein Jahr nach Australien. Wenn sie wiederkommt, wird sie fünfzig sein. „Und dann sehe ich weiter! Das ist jetzt erst mal ein Einschnitt. Vielleicht kriege ich dort ganz neue Anregungen. Wenn nicht – dann habe ich ja noch Zeit, wenn ich zurückkomme!"

Jochen und Frau planen den Zusammenzug mit einem befreundeten Ehepaar, wenn die fünf Kinder der vier Erwachsenen allesamt aus dem Hause sind. Wohngemeinschaftserfahrung haben sie alle nicht, „aber wir wollen es probieren. Hauptsache, wir haben so viel Platz, daß wir uns aus dem Wege gehen können. Das muß auch nicht unbedingt in einer Wohnung sein mit einer Küche und so – das können auch zwei neben- oder übereinanderliegende Wohnungen sein. Probieren wollen wir es auf alle Fälle." Warum eine Wohngemeinschaft? „Ja, warum eigentlich? Damit man sich gegenseitig hat und sich auch aushelfen kann und eben auch im Alter nicht erst noch lange fahren oder laufen muß, wenn man sich mal abends sehen will. Irgendwie wollen wir mehr zusammenrücken. So wie wenn der Winter kommt und es kalt wird!"

Elisabeth ist gerade aus einer Wohngemeinschaft ausgezogen. „Fünfzehn Jahre sind genug. Es war damals der Kinder wegen, nachdem Marko ausgezogen war. Aber für mich brauch' ich jetzt mal Ruhe. Ich muß meine Wohnung hinter mir abschließen können!" – „Und später?" – „Ich weiß noch nicht. Vielleicht mache ich was Ähnliches mit zwei oder drei Leutchen. Das wird ja dann auch nicht mehr so rummelig. Immerhin hatten wir fünf Kinder in der WG, und da kann man sich ja nicht entziehen, wenn man mit dem Anspruch eingezogen ist, daß jeder Erwachsene auch für jedes Kind da ist. Nun brauch' ich erst mal ein paar Jahre, in denen ich wieder zu mir selber finde. Mal sehen. Es hat ja noch Zeit!"

Karola und Mann amüsieren sich gerade bei der Vorstellung, mal eine Rentnerkommune aufzuziehen, und können sich ausschütten über die Vorstellung, wer von uns dann im Alter mit welchen Macken dort einziehen würde. Mich nehmen sie auch mit auf – ich soll für Ordnung sorgen, bis dahin hätte ich sie sicher gelernt. Strikte Rollenverteilung sei Voraussetzung – und makrobiotische Ernährungsweise. Autos werden nicht zugelassen, Kinder dürfen nur zu Besuch kommen, wenn sie was mitbringen oder helfen ... das wird sicher eine flotte Sache!

Natalie hat schon ganz feste Pläne: im Winter in den Süden, im Sommer in den Norden. Irgendwo dazwischen ein möbliertes Kämmerchen zum jeweiligen Umpacken der Koffer. Was sie im Norden bzw. Süden *tun* wird, weiß sie noch nicht. „Vielleicht malen – irgendwas wird mir dann schon einfallen, Hauptsache, das Geld reicht dann für diese Standortwechsel. Aber der Süden ist ja billig!"

Steffie macht erhebliche Anstrengungen, um nach zwei gescheiterten Ehen noch „an den Mann" zu kommen. Sie formuliert gerade ihre erste eigene Heiratsanzeige, nachdem sie bei zwei Zuschriften nicht das Passende gefunden hat. Ihre Vorstellungen sind präzise: wohlhabend muß er sein, gesund, und ein Haus muß er haben – in schöner Landschaft. „Die Liebe kommt schon, wenn alles andere stimmt", befindet sie selbstbewußt. „Bisher war es bei mir immer anders – da stimmte nichts außer der Liebe – und die hielt nie lange genug. Und wenn nicht große Liebe, dann eben nicht. Man kann sich miteinander auch so einrichten. Sympathie reicht schließlich auch, und meistens hält sie sogar länger!"

Aus *Ingeborg* ist zu diesem Thema nichts herauszufragen. „Laß mich damit zufrieden, ich hab' schon Sorgen genug am Hals, ich will nicht auch noch an mein Alter denken!"

Und *Eberhard* ist nach 22jähriger Ehe gerade wieder zu seiner Mutter heimgekehrt, die ja schon immer wußte, daß seine Frau ein Flittchen ist. Nun läßt er sich wieder betütern, ist ganz Kind und denkt an nichts weniger als an Zukunft, neue Partnerschaft und Alter!

Ein wahrlich illustrer Haufen! Und mit einer Ausnahme alle „am Thema". Und ich?

Nach Australien zieht's mich nicht, in eine Rentnerkommune ebensowenig wie in eine WG. Sommer im Norden und Winter im Süden käme meinen Lebensvorstellungen am ehesten nahe – aber der Ort alleine bewältigt nicht den Alltag. Auf einem Altersruhesitz in der Toskana oder auf einer Schäreninsel vor Norwegen kann ich mich genauso langweilen und meine Altersprobleme pflegen wie in meiner angestammten Großstadtwohnung.

Immerhin – es ist doch einiges an Ideen zusammengekommen. Das Beruhigendste jedoch ist, daß sie alle, alle damit beschäftigt sind, über die nächsten fünfundzwanzig Jahre nachzudenken.

„Nicht verknöchern, aber nicht erschlaffen, auf dem Posten sein und nicht auf der Stelle treten, biegsam, aber unbeugsam bleiben, Löwe oder Adler, aber dennoch kein Vieh sein, nicht einseitig werden, aber keine zwei Gesichter haben – was für eine Aufgabe!" (St. J. Lec)

3. Siebzig – und kein bißchen müde!

> Du kannst das Wasser, das Du in den Wein geschüttet hast, nicht zurückholen. Aber alles wandelt sich. Neu beginnen kannst Du bis zum letzten Augenblick. (Bert Brecht)

Es gibt nichts Überzeugenderes als das Beispiel

„Heute grenzt eine Gesellschaft, die auf Leistung und Effektivität basiert, die ältere Generation aus. Für die Jüngeren wird das auch daran spürbar, daß es kaum positive und erstrebenswerte Leitbilder vom Alter gibt. Da sind der rosenzüchtende Adenauer und die unermüdliche Mutter Teresa Ausnahmeerscheinungen wie die Geschichten vom 80jährigen Hochseilturner und der 78jährigen Bildhauerin oder die pfiffigen, munteren Alten in der Werbung. Die Jüngeren fragen sich: Wie sieht die Realität aus ...?" (Hannelore Dauer)

Die Realität sieht bunt aus, vielschichtig, vielseitig. Vielleicht sieht sie auch ein bißchen so aus, wie der Beschauer sie sehen will!?

Natürlich wird nicht jeder Bundeskanzler und fast neunzig, und es ist auch nicht jeder Frau gegeben, bis ins hohe Alter klösterlich zu leben und ihr ganzes Dasein den Ärmsten der Armen zu widmen. Deshalb sind leistungsfähige, soziale, engagierte Alte noch lange keine Minderheit, die aus einigen wenigen Vorzeigeexemplaren besteht. Wenn immer wieder in der Altendiskussion auf Mutter Teresa oder Konrad Adenauer hingewiesen wird, liegt das weniger an diesen Ausnahmeerscheinungen als vielmehr an der Phantasielosigkeit oder der Trägheit von Autoren, sich gezielt nach „normalen" Menschen umzusehen, die alt und fit, alt und aktiv, alt und voller Lebenskraft und -freude sind.

Ein Teil der nächsten Kapitel widme ich diesen Alten, dem Thema entsprechend den alten Frauen. Ich habe mich im Alltag umgesehen – und brauchte nicht weit zu gehen: Die Zeitungen berichten über sie und ihre „Taten", und mit offenen Augen begegnet man ihnen auf Schritt und Tritt – wie könnte es auch anders sein, wenn sie bereits ein Fünftel der Bevölkerung ausmachen!

Es sind nicht „irgendwie besondere" Menschen, die wenigsten wurden mit einem silbernen Löffel im Mund geboren, und kaum einer Frau wurde es in die Wiege gelegt, mit Siebzig oder Achtzig Politik zu machen, die westliche Welt durch ihr Umweltschutzengagement aufzurütteln oder als Hundertjährige in die Annalen der Malerei einzugehen. Das sind Leistungen, die diese Menschen sich im Laufe eines Lebens erarbeitet haben, zu denen sie *ja* gesagt haben und die sie im täglichen Leben realisieren – sicher nicht immer nur mit Freude, mit Leichtigkeit oder ohne Seufzen. Keiner wurde der Erfolg geschenkt – und es sind manche dabei, die ihr Leben in Armut begonnen haben, als Dienstmagd oder in untergeordneten Berufen tätig waren und die dann mit Fleiß, Geschick, Glück und oft einer großen Portion „Zufall" zu dem wurden, was sie heute sind.

Aber nicht nur „Berühmtheiten" will ich vorstellen, sondern die alte Frau „von nebenan", über die weder die Welt- noch die Regionalpresse berichtet, die aber ihr Leben in Aktivität lebt und dabei hilft, das Sozialsystem aufrechtzuhalten. Würde man unserem Staate die alten Frauen nehmen, würden Bereiche zusammenbrechen, von denen der Durchschnittsbürger nichts ahnt! (Und Politiker vermutlich auch nicht, sonst würden sie die Alten nicht nur sporadisch als potentielle Wähler umwerben, sondern ihnen rote Teppiche auslegen!)

Der Umfang dieses Buches hindert mich, noch viel mehr Frauen vorzustellen, die, unbeachtet von außen, alles andere sind als graue Mäuse, die arm und allein daheim sitzen und auf den Tod warten:

Es sind ihrer so viele – und es sind nur wenige Frauen darunter, von denen man sagen kann, sie hätten von Anbeginn ihres Lebens „ganz andere Chancen" als die Normalbevölkerung gehabt. Sie *sind* Normalbevölkerung! Sie sind Arbeiterwitwen *und* Akademikerinnen, sie sind gelernte Kontoristin *und* studierte Ärztin, sie haben kriegsbedingte Verluste erlitten, ihre Kinder alleine aufgezogen, ihre alten Mütter bis zu deren Tod gepflegt. Sie haben auf Wochenmärkten Brot verkauft, als der Mann arbeitslos war, und haben ihre eigenen Kinder zu Grabe getragen. Es sind keine Blitzkarrieren, und nichts ist diesen Frauen in den Schoß gefallen. Sie sind mit wenigen Ausnahmen auch nicht wohlhabender als andere Alte – und wenn sie es sind, dann deswegen, weil sie ihr Leben hart gearbeitet haben und deswegen nach vierzig Jahren eine gute Rente bekommen.

Es sind allerdings keine Frauen dabei, die mit Mitte oder Ende Vierzig verkündeten, jetzt wollten sie selber „endlich mal was vom Leben haben" – was ausnahmslos bedeutet, daß sie sich nur noch um sich selber kümmern. Egoismus macht einsam – jedenfalls auf die Dauer! Frauen (und natürlich auch Männer, von denen man allerdings in dieser Beziehung weniger erwartet), die sich nach der Abnabelung nicht mehr um ihre Kinder kümmern wollen und die keine Lust aufs Großmutter-Dasein verspüren, die glauben, für die Pflege kranker und alter Menschen sei ausschließlich der Staat zuständig und ehrenamtliche Arbeit ablehnen, weil sie „doch nicht umsonst arbeiten", sind über kurz oder lang die „einsamen Alten, um die sich niemand kümmert"!

Auch verwitwete, kinderlose Frauen brauchen nicht zwangsläufig im Alter zu vereinsamen, wenn sie früh genug ihre Wohnhöhle verlassen und sich darauf einstellen, daß die Welt voller Menschen ist, von denen sie gebraucht werden. „Aber ich kann doch nichts", ist ebenso ein Einwurf, der nicht trägt – in einem dargestellten Fall zeige ich ein sehr drastisches Beispiel von „nicht mehr können" und dem Einsatz einer Frau von Anfang Achtzig!

Allem voran zunächst einige illustre Fälle, über die die Presse gelegentlich berichtet:

Morde, Bücher und Gemüse

● Mit ihrem Erstlingswerk (!): „Wo ist denn meine Brille" haben die holländischen Exjournalistinnen *Anne Biegel* und *Helen Swildens* Hunderttausende, vor allem ältere Leser, angerührt, erwärmt und begeistert. Ihr Folgeband „Mitreden ist Gold" war in wenigen Tagen vergriffen. Er handelt von ihrer „nicht unkomplizierten letzten Lebensperiode". Die Autorinnen sind *83 und 72 Jahre* alt (nach: Buch aktuell 1/90).

● 84 Jahre lang hat Deutschlands älteste Marktfrau die Bürger mit Blumen, Obst und Gemüse versorgt. Als sie *101 Jahr* alt wurde, nahm sie die Glückwünsche von 19 Enkeln und 36 Urenkeln entgegen. „Als sie zum letztenmal auf dem Markt ihr selbstgeerntetes Gemüse anpries, war sie bereits 100" (mit 13 Jahren wurde sie Kleinmagd, mit 23 heiratete sie, bekam 8 Kinder und arbeitete als Tagelöhnerin) (nach: Für Sie, vom 8. 11. 1979).

● *Patricia Highsmith* – bekannt als „Königin des Horrors", als „Meisterin des Psychothrillers" – hat inzwischen rund dreißig Krimis in vierzig Jahren auf dem Gewissen.
„Ist es nicht ein knallharter Job, jeden Tag zu schreiben?" fragt der Interviewer. „Schreiben – welch ein Vergnügen", antwortet die knapp *70jährige*. „Es ist mein Beruf. Wenn ich nicht arbeiten würde, wäre ich leer." Vormittags versieht sie Haushalt, Garten und Katzen. „Ab 13 Uhr beginnt sie zu schreiben", denn „Morde verlangen Konzentration". Nach durchschnittlich vier Stunden an der Schreibmaschine ist das Tagespensum erreicht ... (nach: Buch aktuell 1/90).

● *81 Jahre* alt wurde im Dezember 1990 *Marion Gräfin Dönhoff* – seit achtzehn Jahren die Herausgeberin der „Zeit". Nach ihrer Flucht aus Ostpreußen auf einem Pferd arbeitete sie seit 1946 als Journalistin. Erst kurz vor ihrem 80. Geburtstag fuhr sie wieder in ihre Heimat – in einer „Ente" (2 CV). „Ihre Lebenskraft ist ermutigend – auch jetzt noch immer, da sie achtzig wird", schreibt Ralf Dahrendorf als Gratulant (in: „Die Zeit" vom 1.12.89).

● „Erst" *68* ist *Marie Marcks,* die von mir so verehrte Graphikerin. Mit ihren Karikaturen „kämpft sie auf der Seite der Schwachen, seien das nun zitternde Schüler, entnervte Mütter oder smogumwallte Stadtbewohner." Fünf Kinder – fast alleine großgezogen – und zwanzig Bücher auf dem Markt – und ein Ende ihres hochpolitischen Schaffens mit dem Zeichenstift ist nicht abzusehen (nach: „Die Zeit" vom 20.6.86).

● „Sie tanzte, bis sie 75 war. Noch heute, *mit 95* entwirft *Martha Graham* neue Choreographien, das Publikum verehrt sie, betet sie an wie eine Göttin. (...) Wenn es nötig ist, heißt es, arbeite sie noch acht Stunden täglich mit ihren Tänzern. Sie begleitet sie auf Tourneen, auch wenn die Kritiken nicht immer huldvoll sind, das Publikum rast, wenn sie abends zwischen ihren Göttern, den Tänzern, auf der Bühne steht." – „Ist das Glück?" – „Glück?" Sie lacht. „Das Wort kenne ich nicht. Ich kenne nur das: erfüllt, begeistert, verschlungen zu sein von einer Idee" (in: „Die Zeit", vom 1.12.1989).

● *Ella Maillart* wurde 1903 geboren. „Auf ihrer ersten großen Reise (sie war eigentlich Sportlerin) durchstreifte sie 1932 allein Russisch-Turkestan, auf der Suche nach einem Volk ... das nicht vom Irrsinn beherrscht war wie Europa ... Bis in die achtziger Jahre kehrte Ella Maillart immer wieder nach Asien zurück." 1989 – mit 86 Jahren – wurde sie mit einem hohen Literaturpreis ausgezeichnet (aus: Buch aktuell 1/90).

● 1900 wurde sie geboren, die „Alster-Duse", *Ida Ehre.* 1933 mußte sie emigrieren, 1945 eröffnete sie ihre Kammerspiele in Hamburg, die sie fast vierzig Jahre lang leitete – bis zum *85. Lebensjahr.* Mit 89 Jahren starb sie 1989.

● *83 Jahre* alt war *Hedwig Courths-Mahler,* als sie 1950 starb. Bis zum 75. Lebensjahr hat sie an ihren Romanen geschrieben – 208 insgesamt mit einer Auflagenhöhe von knapp 30 Millionen. Begonnen hatte sie mit Siebzehn, nachdem sie mit zwölf

Jahren die Schule verlassen mußte und ab dem 14. Lebensjahr als Dienstmädchen arbeitete (aus: „Die Zeit" vom 11.11.88).

● *Simone de Beauvoir* starb 1986 mit *78 Jahren*. „Sie schrieb nicht nur Romane, sondern auch Memoiren und Erzählungen, Pamphlete, Reportagen und auch fürs Theater."
Sechs Jahre vor ihr starb ihr Lebensgefährte aus 51 gemeinsamen Jahren: Jean-Paul Sartre. Erst ab diesem Zeitpunkt – sie war 72 – wurde es politisch *etwas* stiller um sie. Da, wo sie gefragt war und gerufen wurde, war sie jedoch jederzeit bereit (aus: „Die Zeit" vom 14.4.1986).

● Kaum eine alte Frau wurde je so berühmt wie *Grandma Moses*. Als sie starb, war sie im *102. Lebensjahr*. Ihre „Karriere" begann als Dienstmagd. Mit 27 Jahren heiratete sie einen Farmer, bekam zehn Kinder, von denen fünf im Kindesalter starben. Sie war 67, als ihr Mann starb und alle Kinder das Haus verlassen hatten. „So blieb ich beschäftigungslos zurück, aber etwas mußte ich tun und begann, Bilder zu malen. Erst in Wolle, später mit Ölfarben.
„Als Mrs. Moses das 75. Lebensjahr überschritten hatte, wurde ihr die tägliche Hausarbeit zu beschwerlich, und erst dann begann sie, Bilder zu schaffen, die dazu bestimmt waren, gerahmt und an die Wand gehängt zu werden." Zufällig entdeckt wurde sie mit 78 Jahren von einem durchreisenden Kunsthändler. Nach ihrem 80. Geburtstag wurden ihre Bilder erstmals ausgestellt unter dem Titel ‚What a Farm Wife painted'. Die Künstlerin war zu der Eröffnung eingeladen worden, aber sie lehnte mit der Begründung ab, daß sie nicht zu kommen brauche, da sie ja die Bilder ohnehin kenne." Zu ihrem 100. Geburtstag gratulierten der Präsident der USA, der Vizepräsident und ein Ehrenkomitee – zusammengesetzt aus amerikanischen Honoratioren: Präsidenten, Schriftstellern, Komponisten, – stellte eine Geburtstagsausstellung aus ihren Bildern zusammen. Nach ihrem 100. Geburtstag hat sie noch 25 Bilder fertiggestellt. Ihr Schaffen

stellte sie erst ein, als sie drei Monate vor ihrem 101. Geburtstag gegen ihren Willen in ein Pflegeheim gebracht wurde (nach Callier 1979).

● Nicht minder berühmt – wenngleich noch nicht so alt – wurde eine Büroangestellte, deren eine Lebensmaxime ist: Man braucht einfach nur das zu tun, was man für richtig hält. Ihr Start war bitter: Als 19jährige alleinstehende Mutter mußte sie ihren Sohn in eine Pflegestelle geben, bis sie ihn nach drei Jahren in ihre Ehe zu sich nehmen konnte. Ihren Kindern schrieb sie dann Geschichten auf, die heute weltweit gelesen werden. Es ist *Astrid Lindgren,* die Ende 1990 *83 Jahre* alt wurde. Sie schreibt nach wie vor, und sie mischt sich in die internationale Politik ein. Mit 72 Jahren erhielt sie den Friedenspreis des Deutschen Buchhandels in der Frankfurter Paulskirche verliehen, mit 82 Jahren fuhr sie auf Einladung in die Sowjetunion zur Premiere einer Theateraufführung der „Brüder Löwenherz", nachdem sie ein Jahr zuvor Gorbatschows Einladung zu einer Friedenskonferenz ablehnen mußte, dafür jedoch mit ihm korrespondierte.

Mit wenigen Ausnahmen handelt es sich bei diesen Frauen um „Berühmtheiten" (sonst würden die Zeitungen kaum über sie berichten!) – aber dazu sind sie erst *geworden!* Über viele von ihnen ist aus ihrer früheren Biographie nichts oder wenig bekannt. Das jedoch, was bekannt ist, zeigt: Irgendwann haben sie ganz einfach mit irgendwas begonnen – mit Schreiben, Zeichnen, Malen ... und das oft als Hobby und ohne Ausbildung. Irgendwann wurden sie dann „entdeckt" – das lag aber nicht immer unbedingt in ihrer Intention.

Vielleicht sind ihre Arbeiten deswegen so überzeugend? Vielleicht imponiert das Ergebnis so, weil es gerade nicht mit dem Strom schwimmen wollte – des schnellen Effektes wegen? Weder eine Astrid Lindgren noch eine Grandma Moses hätten sich je träumen lassen, daß sie mit ihrem

„laienhaften" Tun Weltruhm erwerben und bis ins hohe Alter erhalten würden! Und eine Ida Ehre oder Ella Maillard sind auch nicht das geworden, was sie sind, indem sie gehorsam die Alt-Frauen-Rolle annahmen, sich in Mausgrau kleideten und zu Hause blieben!

Diese Frauen haben *für sich* etwas begonnen, wollten selber Spaß dran haben und ihr Leben ausfüllen – und erst später und durch Zufälle (gibt es sie?) kamen ihre Ergebnisse ans Tageslicht! Freude stand am Anfang und nicht Kalkül. Diese und ähnliche Biographien zeigen, wie wenig „alte Frauen" zum „alten Eisen" gehören müssen und zu welchen geistigen und körperlichen Leistungen sie noch fähig sind, wenn sie sich nicht in die klassische Alt-Frauen-Rolle drängen lassen! Und wieviel haben sie noch „abzugeben":

Zeit, Wissen und Können teilen!

„Das Recht, zu leben, hat das Kind wie die Greisin. Werde immerhin alt für die anderen: nicht aber für dich" (Hedwig Dohm 1903)

Bei einem meiner samstagvormittäglichen Besuche im Frauenbuchladen um die Ecke – schmökern, klönen, Kaffee trinken – traf ich vor einiger Zeit eine amerikanische Studentin, die sich auf dem Sofa breitgemacht hatte und sich seufzend und klagend mit der Tageszeitung beschäftigte. „Alle tot, alle tot", jammerte sie – und da wollte ich Näheres wissen.

Sie war als Kind deutscher Emigranten aus den USA nach Hannover zurückgekommen, um ihre Studienabschlußarbeit zu schreiben. Sie hatte sich vorgenommen, „Geschichte von unten" zu betreiben und alte Menschen zu ihren frühen Erlebnissen zu befragen. Und nun las sie die Todesanzeigen und bejammerte jeden Toten, der älter als 70 Jahre alt war! „Und der hier – 86! Und hier sogar – 92 Jahre alt! Mein Gott, was die mir hätten erzählen können! Was die alles mit ins Grab genommen haben! Hätten die nicht noch ein bißchen warten können? Mein Gott, was habe ich da alles verpaßt ...!"

Sie war voller Enttäuschung – und sicher hat sie recht gehabt! Mit jedem Toten sinken Wissen und Erfahrungen ins Grab, die unwiederbringlich sind.

„Erzählcafé"

Auch andere Menschen scheinen gelegentlich an die geistigen und historischen Verluste durch das Hinwegsterben von Menschen zu denken und „Gegenmaßnahmen" zu ergreifen. So gibt es seit einiger Zeit in einem alten Arbeiterviertel Hannovers (vielleicht auch in anderen Städten?) ein „Erzählcafé". Einige Zitate aus der Ankündigung einer derartigen Veranstaltung sollen zeigen, was dort wie geschieht:

> „Wer von den jungen in Linden lebenden Nachbarn interessiert sich nicht für das, was in den – zum Glück erhalten geblieben – alten Lindener Straßen und Häusern damals geschah? Doch von wem erfahren sie noch etwas aus der alten Zeit? … Hier im Erzählcafé werden nun am Sonnabend viele Lindener, junge, ‚mittelalterliche' und alte erwartet. Es wird zum Beispiel von Sophie O., die einst mit ihren Eltern nach Linden kam, um Milch vom Pferdewagen aus zu verkaufen, Interessantes zu hören und nachzufragen sein. Es soll eine Erzählrunde im Klönstil für alle Altersstufen werden …, die das alte Linden zu einer Dokumentation wieder aufleben lassen … Was ein Arbeiterdichter um die Jahrhundertwende sagte, kann auch im ‚Erzählcafé' wieder aufgespürt werden: ‚Der Lindener Boden ist mit Schweiß und Tränen getränkt und mit Wut, Mut und Hoffnung gepflastert. Den Weg haben wir mit Arbeiterstiefeln festgetreten, und unsere Frauen, die weben, kochen und schuften konnten, haben ihn saubergehalten, damit unsere Kinder ein festes Fundament, einen besseren Weg vorfinden!' "

Alte Menschen haben viel Wissen und viele Erfahrungen, die uns nicht verlorengehen dürfen. Wenn mancher den Alten nicht (mehr) gerne zuhört, dann mag es nicht immer unbedingt an der mangelnden Toleranz des Zuhörers liegen, sondern möglicherweise an der Themenwahl. Ich kann die Heldentaten von Mittsiebzigern, die diese im Marsch auf Moskau angeblich vollbracht haben, inzwischen auch nicht mehr hören und auch der Tieffliegerbeschuß auf eisglatten Straßen während der Flucht im Januar 1945 ist mir schon in -zig Variationen geschildert worden. Alte Menschen hätten so viel mehr zu bieten als nur Ausschnitte aus den sechs unrühmlichsten Jahren unseres Jahrhunderts zu rekapitulieren. Wir noch nicht Alten sollten sie fragen – und sie sollten uns bereitwillig Auskunft geben!

Der Oma-Hilfsdienst

Nicht „still", sondern bewußt öffentlichkeitswirksam managt eine „inzwischen auch etwas ältere Dame" einen Dienst, in dem sie zeit-habende Alte und zeit-lose Junge zusammenführt. Aus eigener Großmuttererfahrung gründete sie in Bremen den „Oma-Hilfsdienst", der „Omas" verleiht! Sie ging – zu Recht – davon aus, daß junge Familien mit kleinen Kindern sehr plötzlich vor einem personalen Engpaß stehen können, in dem von einer Minute auf die andere niemand für die Kinder Zeit hat. Auch wollen junge Eltern (und die etwas älteren auch!) gelegentlich mal zu zweit ins Kino oder zu einer Feier, sie wollen auch noch „Paar" sein und nicht nur Eltern. Babysitter vom „freien Markt" kosten 10,– bis 13,– DM pro Stunde, sind schwer zu finden, nicht immer zuverlässig und oft wechseln sie häufig.

Der „Oma-Hilfsdienst" füllt diese Lücke – zum Nutzen der Familien und zur eigenen Freude der „Omas". Frau S., die Initiatorin und Leiterin, verfügt derzeit über einen festen Stamm von 61 Damen und 4 Herren („Herrschaften im reiferen Alter" nennt sie sie!). Mit fünfzehn von ihnen hat sie vor fast zehn Jahren begonnen. Die Senioren sind zwischen 50 und 76 Jahren alt. Sie werden durch Zeitungsannoncen gefunden, von Frau S. alsdann in Augenschein genommen „und 98 Prozent von den Bewerbern nehme ich dann auch in meine Kartei auf". Die „älteren Herrschaften" sind meist alleinstehend, verwitwet, die Kinder sind aus dem Haus und weit weg, die Enkel ebenso – und sie wollen sehr bewußt Kontakte auch zur *jüngeren* Generation haben! Wenn eine Familie den Dienst einer „Oma" in Anspruch nehmen will, zahlt sie eine einmalige Bearbeitungsgebühr für den Unterhalt des kleinen Büros, Telefon, eine angestellte Mitarbeiterin, Steuerberaterin usw. Pro Monat müssen dann 12,– DM Beitrag gezahlt werden.

Die Wünsche – Ort, Zeit, Dauer der Kontakte werden an das Büro herangetragen, und danach sucht Frau S. aus ihrer Kartei eine „Oma" für diese Familie aus, die sich dann dorthin in Bewegung setzt. Wichtig ist für Frau S. zu betonen, daß die alten Damen nur in ihrer „übrigen" Zeit beschäftigt werden, denn: „Hobbies gehen vor! Schließlich haben meine älteren Damen ihre Pflichten im Leben getan!"

Einmal vermittelt, arrangieren sich Familie und „Oma" dann miteinander. Diese Arrangements halten oft über viele Jahre an. Die Familie verpflichtet sich zu einer Zahlung von 6,– DM pro Stunde, zur Zahlung des Fahrgeldes, und wenn der „Oma"-Einsatz in der Dunkelheit endet, muß die alte Dame nach Hause gebracht werden! Wenn beim Älterwerden der „gesitteten" Kinder die „Oma" nicht mehr benötigt wird, bleiben viele Verbindungen trotzdem erhalten, weil man sich über all die Jahre so nahegekommen ist, wie oft mit der leiblichen Verwandtschaft nicht! Wichtig findet Frau S., daß die alten Damen diesen Dienst *auch* im eigenen Interesse versehen – weil sie Kontakte wollen, weil sie Leben um sich haben möchten, sich sinnvoll einsetzen und gebraucht werden möchten. Das Geld spielt dabei eine sehr untergeordnete Rolle.

„Für Krankheiten haben meine Damen keine Zeit. Bei uns gibt es keine, deren einziges Hobby ihr Arzt ist", sagt Frau S.

Zum Schluß unseres Gesprächs schildert sie mir den „Dienstplan" einer ihrer „Omas", um die Flexibilität und Einsatzbereitschaft sowie das Einsatzgebiet darzustellen. Eine 76jährige „Oma" geht dreimal wöchentlich morgens für jeweils eine Stunde in den Haushalt eines „alleinerziehenden" Lehrers mit zwei Kindern. Das ältere Kind geht mit dem Vater zusammen aus dem Haus, das fünfjährige muß aber so lange „betreut" werden, bis der Kindergarten öffnet (ach ja, die Kindergartenöffnungszeiten!). Das tut sie, schickt das Kleine pünktlich auf den Weg und geht dann wieder nach Hause.

Daneben ist sie noch „Oma" in zwei weiteren Familien, wovon eine sie gelegentlich ruft, die andere sie regelmäßig an Abenden in Anspruch nimmt. „Und außerdem wandert und schwimmt sie auch noch viel", erzählt Frau S., und ich höre ihren berechtigten Stolz auf eine solch tolle Mitarbeiterin mit einem relativ hohen Alter an. Sie selber ist erst 63 und geht in der Arbeit der „Oma"-Vermittlung auf – bis zwölf Uhr mittags. „Dann lasse ich den Stift aus der Hand fallen und gehe nach Hause. Schließlich habe ich auch noch einen Mann zu Hause. Zu dem habe ich gesagt: Schorse, diese Arbeit ist mir wichtig, damit höre ich nicht auf, auch wenn du jetzt pensioniert wirst."

Auf das Band des Anrufbeantworters hat Frau S. die Öffnungszeiten des Büros gesprochen: „Von Freitag bis Sonntag bin ich nicht zu erreichen. Da ist nämlich Wochenende!" Abgrenzen können sich die engagierten Alten sehr wohl auch – eine wesentliche Voraussetzung, solche Arbeit bei voller Kraft auch über lange Jahre zu machen!

Jeden Tag eine gute Tat?!

Ohnehin scheint es mir das einzig Ausfüllende und Erfüllende im Alter zu sein, für andere und mit anderen zu leben – egal ob blutsverwandt oder „fremd", ob im Rahmen von Nachbarschaftshilfe, in einer Organisation oder „nur" durch ein ständiges Augen-offen-Halten für die Belange anderer und für die Situation, die sich ergibt, um für sich selber Kontakte zu knüpfen und zu festigen.

Eindrucksvoll im Gedächtnis geblieben ist mir eine kurze Begegnung in der U-Bahn. Nach zwei Stationen stieg eine sehr alte Dame ein – ich schätzte sie weit über 80 – klein, verhutzelt, gebeugt, so richtig eingeschrumpelt schon. Als ich ihr meinen Sitzplatz anbiete, winkt sie ab. Sie wolle an der nächsten Station doch gleich wieder raus. Und dann wird sie gesprächig: „Ich war nur schnell bei meiner früheren Nachbarin und hab' ihr ein Stück Kuchen gebracht. Gerade frisch gebacken. Ich hab' angerufen und gesagt, ich komm' eben vorbei. Sonst laufe ich die kurze Strecke ja, aber heute ist mir das zu unsicher. So ganz fest bin ich ja nicht mehr auf den Beinen. Aber auf ihren Kuchen sollte sie doch nicht verzichten. Ganz frisch! Warm war er noch!" und zur Illustration ihrer Schilderung kramt sie einen Kuchenteller aus der Einkaufstasche, abgedeckt mit einer Klarsichtfolie und darunter noch ein paar verlorene Streusel.

„Ich muß jetzt raus", sie blinzelt mir zu, winkt und entschwindet.

Die hat keine Einsamkeitsprobleme, denke ich spontan. Wenn keiner an der Tür klingelt, backt sie eben einen Kuchen und trägt ihn aus! Und zwischen zwei Stationen nutzt sie die Fahrt noch zu einem kurzen Plausch!

Vielleicht sollten Alte und Mittelalterliche als Vereinsamungsprophylaxe sich den alten Pfadfinderspruch auf die Fahnen schreiben: „Jeden Tag eine gute Tat!"

Anna

Als ich Anna vor sieben Jahren kennenlernte, war sie 61 Jahre alt – schon seit geraumer Zeit, wie sie durchblicken ließ. In diesem Sommer eröffnete sie mir, daß sie nun inzwischen 64 sei – zwangsläufig –, denn es gäbe immerhin einige Leute, die wüßten, daß ihre älteste Tochter bereits 48 und Großmutter sei. Und mit 13 schon mit dem Kinderkriegen angefangen zu haben … in so ein schlechtes Licht wolle sie sich nun auch nicht gerade setzen!

Anna ist eine außergewöhnliche Frau und für die Zukunft eines meiner beiden großen Vorbilder. Schon die Situation, in der wir uns kennenlernten, war kennzeichnend für sie: Ich war das erstemal mit meinem damals sechsjährigen Sohn im Herbst an die Nordsee gefahren. Von den vierzehn Urlaubstagen regnete es dreizehn fast ununterbrochen, und wir beide saßen uns auf ca. 8 qm auf der Pelle. Eines Tages sprach mich vor dem Speisesaal eine Frau an, die ich bis dahin nicht zur Kenntnis genommen hatte – umgekehrt hatte sie mich samt Sohn aber schon beobachtet. Sie kam gleich zur Sache: Mütter bräuchten auch mal Erholung von ihren Kindern, und wenn ich wollte, dann könnte ich meinen Sohn gerne jeden Tag nach dem Mittagessen für eine Stunde in ihr Häuschen zum Vorlesen schicken. Sie möge ihn gut leiden und würde sicher auch mit ihm klarkommen. Außerdem habe sie Enkelkinder und kenne sich also aus. Und ich könnte dann in Ruhe ein Mittagsschläfchen halten. Das war Anna (und das ist sie heute noch): beobachtend, einfühlend – und handelnd!

Daß sie neben dem Vorlesen, das meinen Sohn hell begeisterte, mit ihm auch noch ins Naturschutzgebiet ging und Enten fütterte, daß er bei ihr immer eine Anlaufstelle hatte, sie aber durchaus in der Lage war, nein zu sagen, wenn sie mal allein sein wollte, rundete unseren Urlaub ab – und eine Freundschaft begann, die vermutlich unser Leben lang anhält.

Anna führt ein höchst aktives Leben, in dem sich der „Dienst am Nächsten" – an Kindern, Enkeln, dem Urenkel und Freunden – mit einem Nebenbei-Broterwerb und dem Vergnügen die Waage halten.

Wenn Anna aus ihrem Terminkalender berichtet, wird mir schwindlig. Ihr nicht! Ihre „Rentnerrenaissance", wie sie sie nennt, sieht folgendermaßen aus:

Montagvormittag (bezahlte) Mitarbeit in der Redaktion einer großen Tageszeitung;

Dienstagvormittag (ehrenamtlicher) Dienst in einem Krankenhaus, in dem sie „alte Damen" betreut, mit ihnen redet und für sie Besorgungen bei Post, Bank und Kaufmann macht;

Mittwoch Französischkurs (läuft seit Jahren und dient vor allem dem Klatsch und Tratsch!), anschließend erteilt sie Privatunterricht;

Donnerstag „nichts weiter" als Englischkurs – Ablauf wie Französisch;

Freitagvormittag wieder Arbeit in der Redaktion, nachmittags Privatunterricht;

Samstag Privatunterricht, Familie, Freunde ...

Sonntag – frei – aber nur manchmal ...

... schließlich hat Anna eine große Familie (weit außerhalb), die auch ihre nicht bescheidenen Ansprüche an Mutter und Großmutter hat. Selbstverständlich hütet sie Haus, Hof, Garten und Haustiere, wenn alle anderen sich im Süden tummeln.

Aufgrund ihres Wissens und ihrer Tüchtigkeit bekam sie nach einem „Probedurchlauf" an der Universität einer entfernteren Stadt einen Lehrauftrag, der regelmäßig verlängert wird, weil man ihr Können und Wissen dringend benötigt. In einer vorher völlig fremden Familie ist sie den Eltern Mutter, Beichtvater, Beraterin und den drei Kindern hingebungsvolle Großmutter – selbstverständlich auch über Nacht und an Wochenenden, wenn die Eltern fort wollen. Ihre Urlaube verbringt sie mit Tochter im Süden oder mit kleinem Enkel im Norden – wobei ihr Häuschen dann stets von drei bis vier weiteren Kindern heimgesucht wird, mit denen sie „Schummeln" oder ähnliches spielt.

Und gelegentlich leistet sie sich dann mal eine Kur. Aber auch von dort schafft sie es immer noch, einen Tag in der Woche fortzukommen, um in der Redaktion zu erscheinen: „Bevor die dort merken, daß es auch ohne mich geht!"

Anna ist ein Phänomen. Allein beim Schreiben dieses „Lebensprogramms" werde ich atemlos – Anna wird es noch nicht mal beim Durchleben! Sie wirkt nie abgehetzt, übermüdet, überfordert. Sie *gibt* unerschöpflich – und sie kann (und das ist wahrscheinlich ihr Geheimnis!) sehr deutlich *nein* sagen, wenn sie nicht mehr will. Sie erscheint eher intellektuell-herb als weich-mütterlich, aber ich habe immer das Gefühl, bei ihr „unterkriechen" zu müssen, um den Fährnissen des Lebens nicht allzu stark ausgesetzt zu sein. Vermutlich geht es all ihren anderen „Betreuten" nicht anders, ob verwandt, verschwägert oder fremd.

Anna fügt mich problemlos in die Schar ihrer Lieben ein, und ich werde ebenso mit Briefen, Telefonaten, Buchpäckchen und Gedenken versorgt wie die anderen. Ihr Herz scheint unermeßlich zu sein. Und wenn ich nur mal das technische Problem einer Videoaufzeichnung nicht lösen kann, Anna löst es für mich, schneidet mit, bringt zur Post ... und ist unersetzlich! Möge sie noch zwanzig weitere Jahre lang 64 bleiben.

„Ich kann doch aber nichts!" ...

... habe ich während der Diskussion zu diesem Thema von Frauen aller Altersstufen gehört. Mag sein, daß sie sich nichts zutrauen, mag sein, daß ihnen die Phantasie fehlt, was man anderen Menschen anbieten könnte – möglicherweise ist es auch nur eine bequeme Ausrede für diejenige, die keine Lust hat, für andere aktiv zu werden, die eigene Wohnhöhle zu verlassen und sich dem Wind des Lebens zu stellen.

Im Rollstuhl, blind und 81 ...

Das eindrucksvollste Beispiel einer Frau, die wirklich fast nichts (mehr) konnte, hörte ich zufällig im Sommer im Radio. Auf der Suche nach Berieselungsmusik geriet ich in eine Ratgebersendung und hielt inne, als ich die Stimme einer offensichtlich recht alten Frau vernahm. Sie bezog sich mit ihrem Anruf auf die vorangegangene Sendung, in der ein 50jähriger Mann über sein nutzloses Leben geklagt hatte, weil er arbeitslos und krank sei. Er wollte sich umbringen. Das rief die alte Dame auf den Plan und ans Telefon. Sie wollte ihn nicht nur trösten, sondern ihm an ihrem eigenen Beispiel sagen, daß man als Mensch immer noch irgendeine Aufgabe, einen Nutzen hat.

Sie selber – so schilderte sie – ist sehr schwer gehbehindert seit geraumer Zeit. Außenkontakte hat sie dadurch nur sehr wenige. Sie ist auf die Hilfe eines Zivildienstleistenden angewiesen, der ihr auch die Einkäufe macht. Und nun sei sie auch noch erblindet. Das sei sehr schlimm gewesen, weil Zeitungen, Bücher und das Fernsehen ihr Fenster zur Welt gewesen seien. Sie habe aber überlegt, was ihr noch verblieben sei, was sie noch nutzen könne – und stellte fest, daß ihr Gehör noch hervorragend funktionierte. So baute sie innerhalb von ein paar Wochen – vom Zivi ermutigt und unterstützt – eine Telefonkette auf! Zu dieser gehören nun sechs alte Frauen – alle in ähnlicher Lage wie sie. Zwei von ihnen können noch alleine das Haus verlassen. Täglich wird nach einem bestimmten Plan miteinander telefoniert – bei Bedarf auch noch zwischendrin – und alle an der Telefonkette Beteiligten seien glücklich mit dieser Lösung. Keine Frau habe mehr Angst, hilflos in der Wohnung zu liegen, ohne daß jemand etwas merkt, denn wenn sich beim zweiten Anrufversuch niemand meldet, wird der Zivi eingeschaltet, der sich dann auf den Weg macht. Die beiden Beweglichen übernehmen noch zusätzlichen „Dienst" – sie machen schnell mal eine dringende Besorgung, gucken „nur mal eben so" bei einer der anderen „vorbei" und bilden somit noch lebendigere Glieder der Kette. Die anderen kennen sich nicht persönlich und sie würden sich wohl auch nie von Angesicht zu Angesicht kennenlernen, meinte die alte Dame am Beratungstelefon. Aber alle seien zufrieden, jede habe ihre Aufgabe und Wichtigkeit und keine fühle sich mehr einsam!

Im Rollstuhl, blind und 81 Jahre alt – und eine Frau mit der Aktivität einer jungen Berufsanfängerin!

Irgend etwas – so habe ich im Laufe meiner Recherchen erfahren – kann wirklich jeder einem anderen bieten, wenn er nur will. Und dieses Angebot an andere ist gleichzeitig eine Bejahung des eigenen Lebens, ein Beitrag zur Gesunderhaltung von Leib (Bewegung, Aktivität, positiver Streß) und Seele (Anerkennung, Gefühl des eigenen Nutzens, soziale Kontakte ...).

Ich habe stichwortartig zusammengetragen, auf welche Angebote (aber auch Anfragen an Alte!) ich gestoßen bin.

● Frau A. führt täglich zweimal für ihre junge berufstätige Nachbarin den jungen Hund aus, den diese als Abschiedsgeschenk von ihrem treulosen lover bekommen hatte. Vor Erscheinen dieses Geschenkes hatten beide Frauen keinen Kontakt zueinander – aber nun war guter Rat teuer. Abgeschafft werden sollte dieses Unterpfand vergangener Liebe nicht – aber den Beruf konnte die junge Frau deswegen auch nicht aufgeben! So läuft Frau A. nun täglich mit dem schwarzen Wolleknäuel durch den Park. Sie hat eine Aufgabe, sie hat

Bewegung – und sie hat Kontakt bekommen zu einer Nachbarin, mit der sie inzwischen auch immer häufiger Kaffee trinkt, den Alltag bespricht (vor allem den Liebeskummer und die sich neu anbahnenden Amouren) und in der sie eine Tochter sieht – wie umgekehrt diese in ihr eine Ersatzmutter. „Hunde werden ja – Gott sei Dank – alt, und sie müssen täglich ausgeführt werden. Da habe ich für die nächsten Jahre meine Beschäftigung", sagt Frau A.

● Frau B. hat sich beim Roten Kreuz engagiert. Sie hilft einmal wöchentlich in der Kleiderkammer, in der noch gut erhaltene Kleidungsstücke von der Bevölkerung abgegeben und an Aussiedler, Asylanten und andere Bedürftige weitergereicht werden. Ihre Aufgabe ist es, die Stücke nach Größen zu ordnen und kleine Schäden auszubessern. Frau B. war früher Sekretärin in einer Behörde. Sie findet ihren Ein-Tages-Dienst heute wesentlich interessanter. Ihre Arbeit wird wirklich gebraucht, und sie hat mehrere Frauen kennengelernt, die aus gleichen Motiven in der Kleider- und Spielzeugkammer arbeiten.

● Die Briefmarkenabteilung der SOS-Kinderdörfer leitet ein Pensionär (nichts spräche dagegen, daß so etwas auch eine Frau leisten könnte!). Er sortiert, korrespondiert, schreibt die Rechnungen, beschafft interessantes Material, managt den Versand und trägt mit dieser ehrenamtlichen Arbeit dazu bei, daß die SOS-Kinderdörfer eine einträgliche Finanzierungsquelle mehr haben (und viele Briefmarkensammler die Freude an seltenen Marken und einmaligen Stempeln!).

● Das Ehepaar S., des verrenteten Daheimsitzens müde, aber ohne das nötige Kleingeld, die Gegenden zu bereisen, die sie locken, hatte eine inzwischen nicht mehr so ausgefallene Idee: sie inserierten in überregionalen Zeitungen, daß sie in Abwesenheit von Haus- und Gartenbesitzern gerne gegen ein kleines Entgelt Grundstück, Heim, Grünpflanzen und Haustiere versorgen würden. Die Angebote waren so zahlreich, daß sie inzwischen einen gefüllten Terminkalender haben und sich ihre Klientel nach der Schönheit der Gegend aussuchen. Sie bewohnen die Häuser/Wohnungen deutlich sichtbar (Licht an und aus, Jalousienbewegung, sichtbare Gartenarbeit), um Einbrecher abzuhalten, füttern Goldfische und Goldhamster, führen gelegentlich auch mal einen Hund Gassi, nehmen Post und Wurfsendungen aus dem Kasten – und machen sich gleichzeitig einen schönen Urlaub. Ihre Verpflegung lassen sie sich durch eine „Unkostenpauschale" finanzieren. Meistens finden sie aber zusätzlich prall gefüllte Vorratsräume und Kühlschränke vor. Die Hausbesitzer sind mit dieser Lösung sehr zufrieden, und das Ehepaar S. hat inzwischen schon Dauerkunden, die sich lange im voraus bei ihnen anmelden, um in den Genuß der preiswerten und sicheren Versorgung ihres Hab und Guts zu kommen.

● Frau X., Buchhalterin in Rente, war mangels anderweitiger Ideen nach ihrer Verrentung häufiger in das kleine Heimatmuseum ihrer Kleinstadt gegangen. Sie habe – so erzählt sie – eigentlich die vergangene Zeit gesucht, die alten Spielzeuge, Geschirre, Handarbeiten … Das Museum war nur selten geöffnet, und eines Tages sprach sie deswegen den Kassenwart an, der sich als pensionierter Lehrer entpuppte, der gleichzeitig Aufseher, Vorsitzender des Vereins, Buchhalter und Beschaffer weiterer Exponate war. Er stöhnte ein bißchen über die viele Arbeit, an der sich niemand beteiligte – und da kam Frau X. die Idee, ihre Buchhalterdienste anzubieten. Sie wurden dankend angenommen, und weil Frau X. viel Zeit und Freude an den alten Dingen hatte, stieg sie mehr und mehr in die Mitarbeit in dem kleinen Museum ein. „Die Exponate abgestaubt und neu angeordnet habe ich. Auch mal geputzt und Leute herumgeführt. Und dann packte mich so richtig die Museumswut. Ich habe mir Bücher über die unterschiedlichsten Antiquitäten ausgeliehen und mich sehr schnell klug gemacht. Dann habe ich auch schon mal gewagt, eine Klasse herumzuführen, und auf Reisen und bei Besuchen habe ich das eine oder andere schöne alte Stück für unser Museum erbettelt. Jetzt, drei Jahre nach meiner Buchhalterei, bin ich an drei bis vier Tagen in der Woche mit irgendeiner Museumsarbeit beschäftigt. Wir haben jetzt auch länger geöffnet. Natürlich mache ich das umsonst. Zahlen könnte mir der Verein nichts. Ich komme mit meiner Rente aus, und ich tu' es doch aus Egoismus. Ich hab' doch mindestens ebenso viel davon wie das Museum. Na ja, und manchmal stecke ich auch noch ein paar Mark rein. Das tut mir nicht weh, und ich sehe immer mehr, wie die Leute wieder Freude an alten Dingen kriegen. Nur wird das Gebäude langsam zu klein – da müssen wir uns noch was überlegen ..." Frau X. macht dabei den Eindruck, als ob sie auch selbst zur Maurerkelle greifen würde, wenn es sein muß. Sie ist schließlich erst 69 Jahre jung!

Organisation von Alltag oder Alter?

Immer wieder erstaunt mich, wie viele relativ gesunde alte Frauen tagtäglich zu Hause sitzen, von einem Fernsehabend zum nächsten, von einem Arztbesuch zum nächsten, von einer organisierten Reise zur nächsten leben ...

Das Warten darauf, daß endlich etwas geschieht, daß es an der Tür läutet und jemand mit einem Blumenstrauß davorsteht, daß jemand mit einem Anliegen anruft – das Warten auf den Abend, der das Zubettgehen als einzigen Tagesordnungspunkt bringt, macht atmosphärisch spürbar, daß das ganze Dasein nur noch ein Warten auf das Ende ist. „Eigentlich könnte ja auch Schluß sein", sagt die 73jährige Ilse, „was soll ich noch?" Sie gestaltet jeden Tag. Sie sucht sich aus der Tageszeitung heraus, was wo los ist. So geht sie zum Tag der offenen Tür des Behindertenzentrums, das sie sonst nie betreten würde. Sie bummelt am Seeufer entlang, wenn dort volksfestartiges Getümmel angesagt ist. „Ich vertreib' mir halt die Zeit! Eigentlich interessiert mich das alles gar nicht. Aber irgendwas muß ich ja machen, ich kann doch nicht nur drinsitzen!" Sie blickt mich etwas hilflos an.

„Hast du nicht Freunde? Du bist doch nun schon zwanzig Jahre hier in der Stadt!?" – „Freunde? Ach ja ...", sagt sie gedehnt und läßt offen, ob es welche gibt oder nicht. Immerhin: Sie ist körperlich gepflegt, adrett gekleidet, hat ein wenig Lippenstift aufgelegt und hält ihre Wohnung tadellos in Ordnung. Es sind keine Zeichen von Depressivität zu erkennen, wohl aber von tiefer Resignation.

Warum, frage ich mich, setzt diese vitale Frau nicht ihre vorhandenen Energien für Sinnvolleres als fürs Zeitvertreiben ein? Für etwas, was Dauer hat, was sie fortlaufend in Anspruch nimmt, worin sie eine Aufgabe findet, wo sie nicht aufs ‚Schluß-Sein‘ wartet – sondern auf den nächsten Tag, der neue Aufgaben bringt?

Im Gegensatz zu depressiven alten Frauen, die nicht mehr in der Lage sind, aus ihren Stimmungszuständen in einen geregelten Alltag zu finden, die sich und die Wohnung verwahrlosen lassen, hat Ilse eine Lebensform gefunden, in der sie sich in Würde einrichten kann. Viele Rentnerinnen scheinen dieses alltagsgeregelte, aber zukunftsleere Leben zu führen, hinter dem die unausgesprochene Frage nach dem „Wozu-Noch“ steht! Das Leben – durchorganisiert, um der Langeweile und der Depression zu entgehen – wird bei aller Füllung als bedeutungslos empfunden. Auf die Dauer ist es bei allem Stolz auf die gute Organisation nur noch ein „geordneter Rückgang“ aus dem Leben.

Das scheint mir entschieden zu wenig!

Frau Andresen hat in einem Gespräch die Organisation ihres Lebens eindrucksvoll geschildert. Ich hatte sie kennengelernt, nachdem sie wegen einer leichten Tablettenvergiftung ein paar Tage im Krankenhaus gelegen hatte.

„Man findet schon Möglichkeiten, mit dem Depressiven fertigzuwerden“

Ich bin ja nun ganz allein und bin schon 69. Es ist doch ein schweres Alter. Ich habe nicht das Geld, ständig zu verreisen wie meine Nachbarn. Die sind noch älter als ich und die sind ständig unterwegs.

Na ja, was ich sagen wollte – der Alltag ... Als ich allein war dann, da hab' ich täglich noch ein paar Stunden gearbeitet, weil die Rente von meinem Mann doch so wenig war. Also da war eben eine richtige Tageseinteilung – weil ich ja feste Zeiten hatte. Da mußte ich morgens raus und kam mittags wieder. Und manchmal habe ich schon auf dem Heimweg eingekauft, aber manchmal bin ich dann auch erst nachmittags los – na Sie wissen ja, wie man sich das dann so einteilt, wie müde man ist und wie das Wetter ist.

Und dann war ich schon froh, wenn ich abends mit allem fertig war und ich meine Ruhe haben konnte, die Beine hochlegen und ein gutes Buch und so.

Und dann bin ich in Rente gegangen – es ging nicht mehr so gut, und es fiel mir alles doch sehr schwer. Also ich wäre ja auch gern auf zwei oder drei Stunden am Tag runtergegangen. Eben um immer eine Zeiteinteilung und ein Ziel zu haben. Aber das machen die nicht. Das lohnt nicht den Aufwand – Personalbuchführung und so.

Aber glauben Sie mir, das war am Anfang nicht einfach. Da wacht man morgens zur gewohnten Zeit auf und ... nichts! Es ist ja nichts zu tun. Was mache ich als alte Frau schon Schmutz in der Wohnung. Die ist doch aufgeräumt, wenn man allein lebt. Ja, ich habe dann ein richtiges festes Programm gemacht für jeden Tag. Und an das halte ich mich auch. Da zwinge ich mich. Und wenn es mir noch so schwerfällt im Winter und wenn alles so grau in grau ist, um 8.00 Uhr stehe ich auf. Ich könnt' ja liegen bleiben. Aber ich weiß, was dann kommt. Dann komme ich gar nicht mehr hoch. Dann geht mein Blutdruck noch mehr runter, und dann liege ich und döse – also das bringt nichts. Das hab ich am Anfang oft gemacht. Das hat mich an den Rand gebracht. Also um 8.00 Uhr aus dem Bett, und dann gehe ich erst mal raus, Zeitung und Brötchen holen. Ich habe das Zeitungsabonnement extra abbestellt, weil ich ja sonst keinen Grund habe, auf die Straße zu gehen. Und so mache ich das täglich. Was meinen Sie, wie schön das ist, wenn ich dann nach Hause komme. Dann ist das Zimmer schon warm, ich hatte schon eine Aufgabe, und dann setze ich mich gemütlich und frühstücke und lese.

Und so habe ich alles eingeteilt. Auch die Woche habe ich

so aufgeteilt. Montags einkaufen, weil nach dem Wochenende nichts mehr da ist, Dienstags gehe ich in ein Museum. Wir haben ja hier vier in der Stadt, und da ist auch oft eine besondere Ausstellung. Da gucke ich schon genau in die Zeitung. Mittwoch habe ich freigehalten, wenn mal jemand anruft oder ich mal eingeladen werde. Donnerstags zum Wochenmarkt, Freitags mache ich die Wohnung – das bin ich schon von Kindheit an so gewohnt.

Schlimm ist der Sonntag. Da kann man nirgends so richtig hin. Und die Familien, die unterwegs sind, wissen Sie, das tut schon manchmal weh, wenn man so alleine ist, nur mit dem Regenschirm in der Hand. Also die jungen Leute, die lachen ja, wenn man das mal so sagt – so mit festen Zeiten und festem Programm. Die sagen dann, wir Alten sind festgefahren und nicht flexibel, und man kann ja auch mal länger schlafen und am Mittwoch ins Museum. Das ist wohl wahr – aber glauben Sie mir, wenn man damit erst mal anfängt! Man muß sich da fest im Griff haben. Wenn man erst mal den Schlendrian einführt, das ist ganz, ganz schädlich für einen selber. Auch wenn man jedem Wehwehchen nachgibt: heute habe ich es so an der Galle, da bleibe ich im Bett. Nee, das kann man sich nicht leisten. Raus aus dem Bett, Zeitung holen und dann statt Morgenkaffee eben einen Gallentee oder Kräutertee oder mal nur ein altbackenes Brötchen. Und dann kann man trotzdem ins Museum oder so, und wenn's schlimmer ist, dann lieber aufstehen, sich anziehen und sich eher aufs Sofa legen mit 'ner Wärmflasche – das ist doch was ganz anderes als im ungelüfteten Bett.

Ich habe auch lange gebraucht, bis ich das für mich so ausklamüsert hatte. Bis dahin dachte ich oft: Lieber Gott, der Tag ist so lang, und ich bin so allein – was mach' ich nur? Laß mich doch sterben. Das waren schlimme Zeiten. Aber so – so geht's mir ganz gut. Ich hab's für mich gelöst. Andere finden bestimmt andere Lösungen, manche haben ja auch Spott für uns Alte, wenn wir uns so ein Programm machen. Aber dann denke ich: Spottet nur, ihr werdet auch noch alt. Und vielleicht fällt euch dann ein, wie wir Alten das gemacht haben.

In einem späteren Gespräch habe ich versucht, Frau Andresen zu motivieren, sich über ihre sinnvolle, depressionsabweisende Tagesorganisation hinaus zu engagieren. Ich hatte Offenheit erwartet, da sie erzählt hatte, daß sie in ihrer alten Firma notfalls eben auch kostenlos gearbeitet hätte.

Sie war zunächst zurückhaltend und wollte sich meine Vorschläge durch den Kopf gehen lassen. Nach mehreren Wochen rief sie mich an und schilderte ganz offen, daß meine Ideen sie zunächst befremdet hätten. Sie habe dann aber gedacht, daß sie wirklich nicht nur so „herumleben" könne und daß sie ja wirklich vielleicht noch irgendwo gebraucht würde. Irgendwas mit Kindern in einer Familie habe sie sich nicht zugetraut, da sie selber keine Kinder hatte und auch nie Erfahrungen mit ihnen sammeln konnte. Dann habe sie an andere Alte gedacht und habe lange mit ihrer Schüchternheit kämpfen müssen, sich anzubieten.

„Aber dann habe ich mir gesagt, Else, das reicht wirklich nicht, was du tust. Was ist denn, wenn ich noch zehn Jahre habe? Und wenn ich wirklich noch nützlich sein kann!?" Nach mehreren Anläufen hat sie in der Sprechstunde der Städtischen Altenhilfe angerufen und sich erkundigt. „Die dachten erst, ich brauch' Hilfe. Aber dann waren sie sehr froh, als ich sagte, ich wolle fragen, ob ich was tun kann. Ich hab' gesagt, ich wär' noch nicht so weit, für mich könnten sie später dann mal was machen. Aber vielleicht könnte ich was für eine alte Dame tun, die Gesellschaft braucht – oder so. Die nicht so gut dran ist wie ich. Ich kann ja noch alles ..."

Nun geht Frau Andresen wöchentlich zweimal zu einer 82jährigen gehbehinderten Frau. Sie braucht keine Arbeiten zu übernehmen: Für Besorgungen und Arztbesuche kommt ein Zivildienstleistender zur Hilfe, der sie gelegentlich auch zu Veranstaltungen der Altenhilfe fährt. Aber für den menschlichen Kontakt, das Klönen, das gemütliche Kaffeetrinken fehlte ihr jemand Gleichaltriges.

Frau Andresen hat dann noch eine weitere ältere Dame über die Altenhilfe aufgetan: 78 Jahre alt, ebenfalls alleinstehend, „auch noch ganz gut drauf, hat nur was mit der Galle, da trinkt sie dann eben immer Tee!" – und nun sitzen die drei alten Damen zweimal wöchentlich und Scrabbeln!

„Und wenn eine von uns wegstirbt", sagt Frau Andresen erleichtert, „dann sind wir immer noch zwei!"

Dringend benötigt: alte Menschen

Erst in der Betrachtung unserer vielfältigen sozialen Notstände wird deutlich, wie sehr wir uns individuell und sozialpolitisch ungeheurer Chancen begeben, allen Generationen gleichzeitig und wechselseitig zu helfen und zu nützen, wenn wir *alle* Altersstufen in das soziale Leben einbeziehen und es nicht ausgrenzen, weil es aus unerfindlichen Gründen nicht mehr ins Bild paßt.

Das erschreckendste und absonderlichste Beispiel, das unsere gesellschaftspolitische Lage kennzeichnet, ist die Diskussion um die Vereinsamung in den Städten, die Einsamkeit in Hochhäusern und die Isolation in Altersheimen: Da leben im Parterre vier Einsame, im ersten Stock vier Einsame, im zweiten Stock vier Einsame, im dritten Stock vier Einsame ...

Überspitzt ausgedrückt? Ich weiß nicht! Aber Einsamkeit hat nicht *nur* mit Wohnformen, Häusergestaltungen und Infrastruktur zu tun, sondern auch mit sehr individuellen Bedürfnissen, Ängsten, Ablehnungen, Rückzügen, mit Nicht-Verantwortlich-sein-Wollen und mit der Unfähigkeit und Unwilligkeit, auf den Nachbarn zuzugehen, *bevor* er die Tür seines einsamen Appartements hinter sich schließt!

Sich nicht mitteilen wollen, unabhängig sein wollen um jeden Preis, sich nicht in die Töpfe gucken lassen, dem anderen nichts gönnen – auch nicht den Einblick in das Leben des Nachbarn –, Freiheit haben und genießen müssen, sich nicht einmischen und nie eingreifen, komme, was da wolle, sind die Eigenschaften, die nicht auf Großstädte und Mammutwohnanlagen beschränkt sind. Auch im Leben auf dem Lande gibt es einsame Alte, verwahrloste und fehlernährte Einsame und Menschen, die von dörflicher Solidarität noch nie etwas gespürt haben, weil sie nicht dazugehören.

Kein Appartement ist zu klein, sich nicht die Nachbarin aus der Nebenwohnung zum Kaffeeklatsch oder zum Mensch-ärgere-dich-nicht-Spiel einzuladen. Wenn alte Menschen in Institutionen ihre Einsamkeit beklagen, dann oft nur deshalb, weil Kinder und Kindeskinder nicht kommen, auf die jegliches Augenmerk gerichtet ist – der Nachbar aber übersehen wird, der ebenso einsam im Nebenzimmer auf Besuche und Anrufe wartet.

Wie sehr alte Menschen im Alltag „gefragt" sind, ließe sich überall entdecken, wenn man mit der richtigen Optik hinblikken würde.

Daß sogenannte alleinerziehende Mütter einer Berufstätigkeit nachgehen können (und somit unabhängig von Sozialhilfe bleiben!), verdanken sie zu einem hohen Prozentsatz dem Einsatz der eigenen Eltern – meist den Müttern, die sich jederzeit um die Kinder kümmern und ihnen die Kleinfamilie vergrößern helfen durch Anwesenheit und Sorge. Sie lassen sie eine weitere Generation erleben und geben ihnen damit die Möglichkeit, sich auch in andere Rollen einzuüben, als sie im Mutter-Kind-Clinch geprobt werden können. Sie sparen durch ihre Aktivitäten dem Staat Krippenplätze, Sozialhilfe, Wohngeld und andere Zuwendungen.

Um nicht mißverstanden zu werden: Die ältere Generation von Staats wegen mit diesen Aufgaben zu betrauen, nur um Mittel zu sparen und/oder Frauen vom gewünschten Berufsleben fernzuhalten, halte ich für kurzsichtig und verantwortungslos – wenn nicht ein Aspekt hinzukommt, der aus der hitzigen sozial- und frauenpolitischen Diskussion gerne ausgeklammert wird: Die Großelterngeneration übernimmt diese Pflichten nicht nur, um Lücken zu füllen, sondern sie sieht darin auch Chancen, ihr eigenes Leben zu bereichern und soziale Verantwortung an die übernächste Generation weiterzugeben!

Die staatlichen Pflichten sind unumstritten – aber eine Verstaatlichung der (familiären) Mitmenschlichkeit geht auf Kosten der Mitmenschlichkeit *aller* Generationen. Unser sozialpolitisch hochgetrimmtes Land ist sozial längst verarmt, weil Menschen von vornherein als „unbrauchbar" (für die Wirtschaft!) ausgeklammert werden, für die es dann allenfalls noch Betreuungs-Almosen gibt – dort, wo sie im Grunde bis an ihr Lebensende sinnvolle, ja dringende Aufgaben fänden!

Die vorangegangenen und folgenden Beispiele zeigen eindrucksvoll, mit wieviel Kraft, Zeit, Engagement und Freude, Alte – vor allem alte Frauen – ihr Leben gestalten und einen hohen Beitrag zum gesellschaftlichen Leben leisten!

Grün in Florida, grau in Deutschland – Alte machen Politik

„In ein paar Jahren werden wir ein Drittel der Bevölkerung sein, ohne uns wird niemand regieren können. Sind wir dann eine negative Sperrminorität ... vertrockneter Köpfe und Herzen, sind wir eine durch ihr Alter reaktionär gewordene und gebliebene Schicht? Wir sollten etwas anderes sein, wir sollten die Schicht der erfahrenen, der gelassenen und zornigen, der geduldigen und ungeduldigen Alten sein!" (Walter Dirks, Publizist, im Alter von 86 Jahren)

Der alte Konrad Adenauer, der ebenso alte chinesische Partei- und Staatschef, die uralte ehemalige DDR-Führung – das sind Menschen, die mit „Politik durch Alte" in Verbindung gebracht werden. Damit wird Politik auf den schmalen Ausschnitt Parteipolitik reduziert und auf (fast immer!) Männer in offiziellen Ämtern.

Politik im eigentlichen Sinne geschieht jedoch überall dort, wo zielgerichtet und methodisch im Interesse eines Gemeinwesens bzw. einer Personengruppe gedacht und gehandelt wird. So geschieht Umwelt*politik* in weitaus stärkerem Maße durch parteipolitisch nicht gebundene Bürgerinitiativen als durch berufene Parteipolitiker. Auch die (inoffizielle) Energie-*politik* zeigt, wie sich Menschen aller Konfessionen, Altersstufen und Berufe parteiübergreifend in gemeinsamen Zielen zusammenfinden können.

Politik ist an kein Alter gebunden. Erstkläßler, die mit Hilfe von Lehrern und Eltern ihren schäbigen Asphalthof in ein Biotop umwandeln, handeln ebenso (umwelt-)politisch wie junge Frauen, die sich in der Gemeinwesenarbeit engagieren und „Greisinnen", die sich bei den Grauen Panthern um Belange von Altenheimbewohnern und Sozialhilfeempfängern kümmern.

Auch hier kann ich nur einige Beispiele aufführen, in denen Alte Politik machen. Es gibt noch unzählig andere, und es lohnt sich für jede Frau, diese an ihrem Heimatort aufzuspüren. Mehr Mitarbeiter, Mitdenker, Querdenker und Zupacker brauchen sie alle! Es muß ja nicht gleich Florida sein!

Die „schweineköpfige" Hundertjährige

„Sie ist *100 Jahre* alt, amtlich für blind erklärt, schwerhörig, diktiert gerade einer Sekretärin ihr neuntes Buch und kann es partout nicht ausstehen, wenn ihr jemand mit den dummem Kompliment kommt, sie sei ‚im Herzen jung' geblieben. ‚Mein Herz', sagt *Marjory Stoneman Douglas* aus Coconut Grove in Südflorida, ‚ist genau so alt wie ich.'

Der Tod, zumindest der Gedanke daran, gilt ihr als ‚willkommener Begleiter' – was sie aber nicht hindert selbstgestrickte Tips für langes Leben auszustreuen. ‚Relax' heißt einer, ‚innerlich verspannte Leute bekommen Krebs und neigen zu Nervenzusammenbrüchen.'

Eine nette, nach örtlichen Sprachgebrauch womöglich ‚wundervolle' alte Dame will sie auf keinen Fall sein. Ihr Lieblingsadjektiv über sich, ‚eigensinnig', klingt im Amerikanischen weit drastischer: ‚pigheaded', schweineköpfig.

Feministin, Bürgerrechtlerin, Umweltschützerin war sie lange, bevor diese Begriffe modern wurden ... Sie gehört zu den letzten Pionieren der USA ... All ihre Querköpfigkeit hat nicht verhindern können, daß sie heute mit Ehrungen überschüttet wird ... Sie habe als Einzelkämpferin ein Stück Florida gerettet – die Everglades, jene Wasser- und Sumpflandschaften, deren Ökosystem noch Anfang des Jahrhunderts fast die gesamte Südspitze der Florida-Halbinsel bedeckte. Ohne Marjory Douglas gäbe es heute zwischen Miami und Naples, zwischen Palm Beach und Fort Myers kaum noch ein Fleckchen Natur ... Sie hat als erste öffentlich darauf hingewiesen, daß die Everglades den Wasserhaushalt der ganzen Region regeln, eine riesige ‚Regenmaschine‘ darstellen ... Ohne die Everglades, das predigt sie seit fünfzig Jahren, ‚wird Florida zur Wüste.‘

Frau Douglas schrieb ein Buch über die Everglades, das ein Dauerbestseller wurde. Sie arbeitete lange für die Errichtung eines der Everglades-Nationalparks ... Mit Achtzig kämpfte sie noch intensiver als mit Sechzig, „erst hoch in den Neunzigern mußte sie – unwillig – kürzertreten“. Sie verfolgt Politiker, sie ist unverzichtbar in Talk-Shows, läßt Erschließungspläne verändern, Brunnenbohrungen verhindern und betreibt notfalls auch die Umsiedlung von Anwohnern umweltschädigender Feriensiedlungen. Kompromisse kennt sie nicht, motivieren läßt sie sich vor allem durch Niederlagen – aber wenn je etwas im Umweltschutz auf lange Zeit erreicht wurde, dann durch diese streitbare alte Dame, die sich zu jeder erreichbaren Bürgerversammlung chauffieren läßt, die mit den Everglades zu tun hat (nach: „Der Spiegel“ 33/1990).

„Was haben Sie für später vor?“

fragt der „Senioren-Experten-Dienst“ (SES) und beschreibt „Ihr(en) Weg zu neuen Aktivitäten“. Und diese spielen sich dann zwischen Bolivien, Kamerun, Polen und China ab – oder irgendwo dazwischen.

„Wenn Sie am Ende Ihrer beruflichen Laufbahn den Weg freimachen für qualifizierten Nachwuchs, ist es weitaus angenehmer, eine neue Aufgabe anzupacken statt zum ‚Alten Eisen‘ zu gehören. Ihnen steht jetzt ein ungewöhnlich attraktiver Weg in einen neuen Lebensabschnitt offen, denn Ihr Wissen und Ihre Berufserfahrungen sind in den Ländern der Dritten Welt sehr gefragt ... Als Senior-Expertin oder -Experte arbeiten Sie ehrenamtlich. Wohnen und Essen sind frei für Sie.

Für Ihre persönlichen Auslagen erhalten Sie ein Taschengeld. Die Dauer des Einsatzes ist auf sechs Monate begrenzt, denn ein wesentliches Merkmal der Projektarbeit ist die Konzentration auf kurzfristig lösbare Probleme. Im Durchschnitt sind sie als Senior-Experte rund zwei Monate im Einsatz. Zu längeren Einsätzen kann im Einzelfall auch der Ehepartner mitreisen ...

Für Sie bedeutet dieses Engagement in Ländern der Dritten Welt ein hohes Maß an persönlichem Gewinn. Vor Ort werden Sie schnell spüren, daß Ihr Rat und Ihre Anleitung dringend gebraucht werden. Sie lernen dabei Menschen anderer Kulturen kennen, machen neue Erfahrungen und gewinnen Anregungen, die Sie innerlich bereichern."

1989 vermittelte der SES 700 Einsätze in alle Erdteile außer Australien. Insgesamt 666 Senioren reisten aus, davon 436 erstmals eingesetzt. Alle Berufsbereiche sind gefragt, und Frauen arbeiten selbstverständlich auch mit, wenngleich (noch!) in der Minderheit! So hilft z. B. eine Senior-Expertin in Sierra Leone beim Aufbau der Buchführung eines Krankenhauses, und eine andere ist nach Korea gereist, um zur Verbesserung der Lackherstellung anzuleiten.

Wer nicht mehr ganz so weit fahren möchte oder wessen Fremdsprachenkenntnisse sich nicht mehr auffrischen lassen, der findet seit 1990 ein neues großes Einsatzgebiet in der ehemaligen DDR. Von über vierhundert Betrieben liegen Bitten um Mithilfe vor: Kommunalverwaltungen, Handwerkskammern, Universitäten, freie Unternehmer ...

Der SES schickt auf Anfrage umgehend Informationsmaterial: 5300 Bonn 1, Postfach 1446.

Die „Seniorin", die das Fernweh packt, die aber nicht nur an fremden Stränden sonnen möchte, findet hier also ein weites Feld vor – pro Jahr ein Einsatz, wenn Frau gebraucht wird – und die restlichen Monate des Jahres sich vorbereiten und davon zehren, so läßt sich Alter gut aushalten!

Im Spiel der Parteienfarben gab es neben Rot, Grün, Blau-Gelb, Schwarz und Braun nicht mehr viel Auswahl. Was lag da näher, als daß grauhaarige Frauen und Männer sich als „Graue" zusammenschlossen – sprung- und kampfbereit wie die Panther.

1975 wurde der „Seniorenschutzbund Graue Panther" von Trude Unruh gegründet, die damals gerade fünfzig Jahre alt war und dem Verband auch heute noch vorsteht. Die Satzung des Vereins sieht folgende Aufgaben vor: „Durchsetzung einer individuellen Lebensgestaltung für alle älteren Menschen, einschließlich der Bewohner von Alten- und Pflegeheimen und Langzeitpatienten sowie der Kampf um die Verwirklichung einer neuen Alterswürde und Altersfürsorge. Oberstes Gebot des Vereins: Mitglieder helfen Mitgliedern in allen Bereichen – bei der Bewältigung von Altersproblemen, gegen Behördenwillkür und Bevormundung."

Die Grauen Panther sind inzwischen in jeder größeren Stadt vertreten. Nach dem Wahlspruch „Heute wir, morgen ihr" nehmen sie Menschen aller Altersstufen auf – alles zukünftige Senioren, die durchaus auch im eigenen Interesse handeln, wenn sie mitarbeiten! (In Hannover ist das jüngste Mitglied 28 Jahre alt!)

Auf ins Europa-Parlament!

Wer sich „rein theoretisch" erst einmal auf politisches Engagement vorbereiten will, findet im „Gustav-Stresemann-Institut" in Bonn einen kompetenten Ansprechpartner: „Leben im Alter kann auch anders aussehen" oder „Europas Alte mischen sich ein – Einflußmöglichkeiten älterer Menschen auf europäische Politik" heißen beispielsweise mehrtägige Tagungen mit Teilnehmern/innen aus verschiedenen europäischen Staaten. Internationale Kontakte also – und vielleicht der erste Schritt, mal in Europa so richtig mitzumischen?! Denn dort wird sich bei 45 Millionen über 65jährigen im Bereich der EG in Zukunft das Leben der Alten abspielen!

Jung hilft Alt und Alt hilft Jung

Das jüngste „Mitglied" ist noch Säugling, das älteste 90 Jahre alt. Alles, was in biologischen Familien nicht mehr ge- und erlebt werden kann, bietet seit drei Jahren das Mütterzentrum Salzgitter: Urgroßmutter, Großmutter, Mutter und Kind in trauter Runde beisammen sind!

Die Mütter kochen, die Ur- und Großmütter spielen mit den Kindern, pediküren sich gegenseitig, erzählen von früher. Im Zentrum wird Mittagessen hergestellt, das auch zu alten Menschen in der Umgebung gefahren wird, die nicht (mehr) kommen können. Für Leute aus der Nachbarschaft wird Wäsche gemangelt, für Schulkinder Mittagessen und Hausaufgabenhilfe angeboten.

Frauen aller Altersstufen kommen, um Gesprächspartnerinnen zu finden. Aber sie bringen auch ihre Fähigkeiten mit ein. Nach dem Motto „Nicht alle können alles. Aber jeder Mensch kann etwas" tut jede Frau, was sie selber anbieten mag und was anderen nutzt. Das generationsübergreifende Konzept ist für Mütterzentren (die es in fast jeder Stadt gibt!) noch nicht überall durchgesetzt. Aber es ist eine Frage der Eigeninitiative, des Angebotes von Mitarbeit, des Einbringens eigener Ideen, wie weit andere Mütterzentren sich in Salzgitter informieren und ihre Konzepte erweitern.

Dort waren immer mehr Anfragen von alten Frauen der Anlaß, das Konzept zu ändern. Alle profitieren – alle gewinnen Kontakte, ein neues Selbstbewußtsein, Geborgenheit. Alte Menschen sind aus ihrer drohenden Vereinsamung gerissen, und mittelalte Frauen erhöhen durch ihre Mitarbeit und die gewonnenen Erfahrungen ihre Selbstsicherheit und somit die Chancen für einen späteren erneuten Berufseinstieg.

„*Und wieder kochen die Frauen,* mangeln Wäsche und sitzen die Kinder", höre ich empanzipierte Kritikerinnen stöhnen. „Immer wieder werden sie auf ihre klassischen Rollen verwiesen!"

Die Kritik ist geläufig – man sollte aber doch mit der Kirche im Dorf bleiben. Nicht jede Frau mag mit den Grauen Panthern nach Bonn gehen, Sümpfe in Florida retten oder „nur" ihr Leben der Antiatomkraftbewegung widmen! Wenn Frauen sich von Herd und Kindern emanzipieren wollen, dann soll ihnen jede Ermunterung, jede Information und jede Starthilfe zuteil werden. Sie müssen wissen, welche Alternativen sich ihnen bieten, das Leben auszuweiten, über den Tellerrand zu gucken und andere Einsatzgebiete anzupeilen. Wenn sie sich aber – aus welchen Gründen auch immer – im Mütterzentrum bei der Altenbetreuung oder beim Essenausfahren wohler fühlen, wenn sie dort ihren Schwerpunkt sehen, weil sie in der Gemeinde bleiben wollen, dann muß das allein ihre Entscheidung bleiben. Jede ist dort am wertvollsten, wo sie mit Freude und vollem Einsatz tätig sein *will* und *kann* – und sei es „nur" die eigene Familie.

Noch zwei streitbare Alte

● 1988 berichtete „Die Zeit" über *Nita Lindenberg,* eine streitbare Frau, die sich vehement öffentlich gegen die Einrichtung einer Mülldeponie in einer „fast geschlossenen grünen Insel ohne Autobahnen, Industrien und Fremdkörpern aller Art" wehrte. Die Ansprache der alten Dame, gehalten in einem Gasthaussaal, gab den Anstoß für die Gründung einer Bürgerinitiative, die den „geliebten Heimatberg nicht durch Angst, Gehorsam, Faulheit oder Unglauben dem Verderb überlassen" solle.

Vom Leserbrief über Politikerkorrespondenz, Briefe mit der Bitte um Unterstützung in der Sache, Spenden für einen Flohmarkt, um Gutachter und Anwälte bezahlen zu können, bis zum Ausschenken von Apfelsaft an Teilnehmer einer Volkswanderung um den gefährdeten Berg ist alles an Aktivitäten

bei ihr zu finden. Sie ist *88 Jahre alt* und bestreitet, als Anliege-
rin, nur aus Eigennutz zu handeln. „Mit 88 kann es mir doch
ganz egal sein, welche Erde mir auf den Kopf geschüttet wird!"
(aus: „Die Zeit" vom 2. 12. 1988).

● „*Dominica:* Die konservative Ministerpräsidentin *Eugenia
Charles* hat zum dritten Mal die Parlamentswahlen auf der ost-
karibischen Insel Dominica gewonnen. Die *71jährige* Anwäl-
tin hat ihre Freiheitspartei nach einem Wahlkampf zum Sieg
geführt, in dem die wirtschaftlichen Leistungen ihrer Regie-
rung nach einer Zeit niedriger Steuern und Inflation sowie der
Ausbau der Straßen, Infrastruktur und der Wasserversorgung
im Mittelpunkt standen. Die Freiheitspartei gewann 11 der 21
Sitze im Parlament" (aus: Frauen Europas 65/1990).

Bildung – ein lebenslanges Recht

Vorbereitung auf Siebzig – Angebot für „Frauen um Sechzig"

Ausgehend von den Überlegungen, daß die Frauen von 50–60
Jahren heute im Gegensatz zu früheren Jahrzehnten vor völlig
veränderten Aufgaben und Rollen stehen, auf die sie durch
eine typische Mädchen- und Frauensozialisation *nicht* vorbereitet wurden, hat der Landes-Frauenrat Niedersachsen ein
Modellvorhaben angeregt, in dem „Seminare zur Orientierung
und Motivierung von Frauen um Sechzig" erprobt und wissen-
schaftlich begleitet werden sollten. (Eine gleichnamige Broschüre ist kostenlos im niedersächsischen Frauenministerium
zu erhalten!)

Für viele Frauen sind heute „am Ende ihres fünften Lebens-
jahrzehnts ihre erzieherischen Aufgaben weitgehend und ihre
familiären Verpflichtungen zu einem guten Teil beendet.
Wenn Muttersein früher eine Lebensaufgabe war, so kann
man heute bestenfalls davon sprechen, daß sie im Leben einer
Frau eine wichtige Aufgabe ist" (Fülgraff, Kaspers 5), die aber
nicht mehr als zwei Lebensjahrzehnte in Anspruch nimmt.

„Frauen stehen vor der Aufgabe, nach neuen Verhaltens-

und Lebensformen zu suchen, ohne sich dabei auf Vorbilder in früheren Generationen stützen zu können" (ebd.). In traditionellen Lebensentwürfen von Frauen ist die Zeit *nach* der Familienphase „ebensowenig vorgesehen wie im gesellschaftlichen Rollenrepertoire". Eine Voraussetzung dafür, daß der Wechsel von der Rolle der (berufstätigen) Familienmutter in den zweiten großen Lebensabschnitt gelingt, liegt in der Analyse der eigenen Lebenssituation, der Bedürfnisse, Wünsche und gesellschaftlichen Gegebenheiten. „Damit kann sich die Erkenntnis verbinden, daß man diesen Widersprüchen nicht schicksalhaft ausgeliefert, ausgesetzt ist, daß es sich lohnt, den gesellschaftlichen Zuschreibungen von Nutzlosigkeit und Unproduktivität einen eigenen Lebensentwurf entgegenzustellen" (ebd. 15). Das Erkennen allein reicht jedoch nicht. Bedürfnisse müssen ausgedrückt und durchgesetzt, vielleicht sogar erst aus tiefem Schlaf geweckt werden. Die dazu nötige Artikulationsfähigkeit und das erforderliche Selbstbewußtsein müssen oft erst gelernt werden.

Durch das Seminarangebot sollte diesem Lernbedürfnis entsprochen werden. In jeweils fünfzig „Unterrichts"stunden (in drei verschiedenen Organisationsformen), die von den Wissenschaftlerinnen als Minimum angesehen werden, standen nach einer längeren Erkundungsphase die Reflexion der Lebenssituation der Teilnehmerinnen im Mittelpunkt:
– Wer bin ich?
– Wie bin ich geworden, was bin ich?
– Was habe ich in meinem Leben für Kompetenzen erworben?
– Wo will ich hin?
– Was sind meine realistischen Möglichkeiten?

Einige Beispiele aus den behandelten Themen sollen zeigen, um welche Inhalte es in diesen Kursen geht und welche Fragen Frauen in diesem Alter auch für sich alleine beantworten müßten:
– Mein sechstes Lebensjahrzehnt – Gegenwart
– Türen meines Lebens – Vergangenheit
– Zukunftswünsche
– Alternative Lebensentwürfe

- Rollen-Stereotypien übers Älterwerden von Frauen
- Alleinleben – Alleinsein
- Ehrenamt – persönliche Befriedigung oder sozialpolitisches Ärgernis?
- Umgang mit Zeit
- Fähigkeiten, Interessen und Talente
- Markt der Möglichkeiten ...

Der „Markt der Möglichkeiten" stellte Initiativen vor, bot Informationen über gesellschaftliche Einsatzfelder, die anschließend „vor Ort" erkundet werden konnten. Sich informieren, um dann außerhäuslich aktiv zu werden – war die Idee für eine „Erkundungsphase", in der Bereiche „von innen" kennengelernt werden konnten, zu denen man als „Normalbürger" nicht ohne weiteres Zutritt hat – und wenn, dann häufig nur als Klient oder mit besonderer Legitimation.

Ein Drittel der Frauen, die an dem Orientierungskurs teilgenommen hatten, nahm auch an der Erkundung teil:
- Altenbesuchsdienst der Stadt
- Kindererholungsheim
- Gasthörerin / Universität
- Kommunalpolitik
- Mitarbeit im Museum
- Psychiatrischer Freundeskreis
- Kunstkreis
- Gesprächskreis „Ehe im Alter"
- Mitarbeit in einer Arbeitslosen-Selbsthilfegruppe ... um nur einige Möglichkeiten aufzuzählen.

Von einem Erkundungsgang durch die Universität nach dem Motto „Ohne Herzklopfen durch die Uni" bis zum Beginn eines Gasthörer- oder Seniorenstudiums scheint für manche Frauen kein großer Schritt mehr gewesen zu sein. In die Beratungsstelle für das Seniorenstudium der Universität Hannover kommen immer wieder Frauen, die sich auf ihren „Erkundungsgang" beziehen, wenn sie das Vorlesungsverzeichnis für Senioren erstehen oder sich immatrikulieren für ein Studium!

„Examen mit 92 Jahren. Für ihre Kommilitonen war die 92jährige Bertha Cohen aus Lowell (US-Staat Massachusetts) ein Phänomen. Sie machten zusammen an der New Yorker Universität ihr Staatsexamen!" (aus: „Neue Osnabrücker Zeitung" vom 12. 5. 1987).

Eine 92jährige Examenskandidatin hat die Universität Hannover (nur um eines von vielen Beispielen zu nennen, rund 50 Prozent aller westdeutschen Universitäten bieten ein Seniorenstudium an!) noch nicht aufzuweisen. Allerdings hat sie einen 92jährigen Studenten, von dem aber niemand weiß, wann er ins Examen einsteigen wird. Die älteste Studentin ist „nur" 83 Jahre alt. Sie lebt in einem Wohnstift und studiert noch einmal Psychologie, wie vor sechzig Jahren! Die erste „Universität in Europa für die dritte Lebensphase" wurde 1973 in Toulouse eröffnet. 1985 wurde eine Bundesarbeitsgemeinschaft „Öffnung der Hochschulen für ältere Erwachsene" gegründet.

Am Beispiel der Universität Hannover beschreibe ich kurz, wie diese Art Studium organisiert ist und welche Zugangsmöglichkeiten es gibt. Vielleicht bekommt die eine oder andere schon allein dadurch „Appetit" und überwindet die Scheu, dieser Idee einen Schritt näherzutreten!?

Im Wintersemester 1988/89 waren 440 Hörer für das Seniorenstudium eingeschrieben, davon mehr als 60 Prozent Frauen. Sie waren zu 33 Prozent bis 59 Jahre alt, zu 53 Prozent 60 bis 69 und 11,5 Prozent waren über 70. Das sind 31 „alte Frauen", die noch einmal ganz von vorne anfangen!

49 Prozent dieser Frauen hatten Abitur oder ähnliche Zugangsberechtigung („Immaturenprüfung"), 48 Prozent verfügten „nur" über Haupt- und Realschulabschluß.

„Die meisten Frauen studieren das erstemal an einer Universität, für viele von ihnen erfüllt sich damit ein langgehegter Wunsch. Sie begrüßen dankbar die Möglichkeit des Seniorenstudiums und beurteilen Seminare, Studenten/innen und Dozenten/innen meist sehr wohlwollend. Sie reflektieren kritisch ihre eigene Lernfähigkeit, sind sehr wißbegierig und fleißig – sowohl beim Mitschreiben als auch in der Vor- und Nachbereitung" (Zentrale Einrichtung … 1990).

In einer Untersuchung zur Motivation, im späten Leben noch ein Studium zu beginnen, fanden die Wissenschaftler/innen fünf Motivationstypen:

1. *Nachholbedarf:* Für viele (vor allem Frauen!) geht ein Jugendtraum in Erfüllung. Sie sind dankbar für diese Möglichkeit und hoch motiviert.

2. *Geistiges Training:* Viele (hier vor allem Männer!) betreiben das Studium zur Stabilisierung des Selbstwertgefühls, auch zur Steigerung des Sozialprestiges. Sie wollen geistig fit bleiben, sich trainieren.

3. *Ergänzungsstudium:* Vor allem Männer studieren ergänzend zu einem früheren Studium oder einer abgeschlossenen Berufstätigkeit.

4. *Verwendungsorientierung:* Viele der studierenden Senioren sind noch nachberuflich (auch ehrenamtlich) tätig und studieren gezielt mit bestimmtem Verwendungsinteresse.

5. *Probehandeln:* Vor allem Frauen nutzen die Einschreibung als „Schnupperstudium". Gefällt es ihnen, geben sie den Gasthörerstatus auf, machen die Immaturenprüfung in Abendschulen nach (Hochschulzugangsberechtigung!) und studieren danach mit dem Ziel eines Hochschulzertifikats weiter.

Für Senioren/innen sind zwei verschiedene Studienformen möglich: ohne Abitur machen sie ein „Gasthörerstudium" (maximal acht Stunden pro Woche, kein Abschluß), mit Abitur (o. ä.) können sie sich als Gasthörer einschreiben – „just for fun" – oder sie absolvieren ein reguläres Studium mit der Möglichkeit eines Universitätsabschlusses: Magister, Diplom, Promotion …

Eine Altersbegrenzung gibt es nicht – dafür aber einen besonderen Service:

- einen Kurs zur Einführung in wissenschaftliches Arbeiten und zur Bibliotheksbenutzung
- Wochenendseminare
- einen Arbeitskreis zur Gestaltung des Seniorenstudiums
- gesonderte Studienberatung
- Eröffnungsveranstaltung
- Semester-Abschlußtreffen und manches andere ...

Daß viele Senior/Innen erst einmal eine große Scheu zu überwinden haben, sich als „Alte" unter das Jungvolk zu mischen, ist einsichtig (aber auch junge Studienanfänger haben oft einen höllischen Respekt vor der Institution Universität, die sie – noch! – für den Born der Geistigkeit halten!). Sie machen jedoch *alle* die Erfahrung, daß sie willkommen sind und nach dem ersten Staunen als voll- und gleichwertig anerkannt werden. Ich glaube, daß sie auch einen Nebeneffekt haben, der nicht unterschätzt werden darf: das Vorbild des Alterns, das Leben von Lebendigkeit, Geistigkeit, Fitneß, Interesse ... das Menschen über Vierzig bis Fünfzig von Jungen glattweg abgesprochen wird, weil sie keine positiven Vorbilder kennen!

Frau B.: „Kinder und Enkel halten mich immer für kompetent. Da heißt es immer: Da mußt du Omi fragen!" („Omi" ist 76 Jahre alt und studiert – ohne Abitur – Geschichte und Literaturwissenschaft.)

Die Wirkungen des Seniorenstudiums für die Betreffenden selber sind vielfältig. Fast 30 Prozent der Frauen registrieren eine veränderte Einstellung zu sich selbst und ihrer Leistungsfähigkeit: gesteigertes Selbstwertgefühl, mehr gesundheitliches Wohlbefinden, Ausgeglichenheit und Freude am Leben.

55 Prozent der Frauen geben ein „positives Lebensgefühl" an. 87 Prozent der Seniorinnen denken nicht daran, ihr Studium wieder aufzugeben. Die Kontakte zu den jungen Studenten werden als durchweg gut eingeschätzt. Das intergenerative Studium fördert das Verständnis innerhalb der Generationen. Sonderveranstaltungen *nur* für Senioren werden von den meisten von ihnen *nicht* gewünscht, sie wollen nicht nur unter ih-

resgleichen sein, weil sie viel „Spannung" gerade aus dem unterschiedlichen Miteinander ziehen.

Neben dem positiven Lebensgefühl gibt es auch bemerkenswerte Leistungen:

Mit Glanz und Gloria hat im Herbst 1990 Frau H. ihr Examen gemacht. Sie ist 72 Jahre alt. Selbst die Presse hat ihr zu diesem großen Ereignis einen eigenen Artikel gewidmet. Sie studierte Sozialwissenschaften, bestand das schriftliche Examen mit der Note „sehr gut" und das mündliche mit „gut". Drei Jahre zuvor hatte sie das „Goldene Sportabzeichen" erworben.

Es muß nicht gleich ein Studium sein ...
Bildung und Geselligkeit in Volkshochschulen

Wer nicht gleich in die Universität stürmen will, hat vielfältige Möglichkeiten, etwas für seine (Weiter-)Bildung, sein Vergnügen und – ganz nebenbei – etwas für die Geselligkeit zu tun.

Was „Erwachsenenbildner" nicht so gerne hören – offenbar weil sie es für „unwissenschaftlich" und ehrenrührig halten: Die Volkshochschulen beziehen ihre steigende Anziehungskraft durch die Kombination aller drei genannten Faktoren. Die Wissensvermittlung allein ist es nicht, die die meisten Menschen anzieht. Sie wollen mehr – und dieses Mehr wird ihnen geboten in Kursen, die so weit gestreut sind, daß keine Universität je mitziehen könnte.

Sicher suchen sich die Nutzer ihre Kurse gezielt nach Inhalten aus – aber für viele Teilnehmer/innen ist es existentiell, Kontakte zu bekommen und zu pflegen in einer Atmosphäre, die nichts Schwüles, Zweideutiges hat! Die Volkshochschule als Kumulations- und Ausgangspunkt für *gemeinsames* Lernen und Tun, für „ein kleines Bier" danach, für den gemeinsamen Heimweg – und alles, was sich für das Privatleben daraus ergibt! Wer will, kommt dem/der anderen näher – wer nicht will, lernt „nur", ist zu Kontakten nicht verpflichtet!

Aufgrund ihrer Dezentralisierung in verschiedene Stadtteile, Schulen, Freizeitheime, Pfarreien ... ist ein leichterer Zugang möglich und die Schwellenängste für Neueinsteiger sind erheblich gesenkt: Viele Volkshochschulen bieten „Schnüffelkurse" an oder erlauben einen Versuchsabend, *nach* dem man sich entscheiden kann, ob man das Richtige ausgewählt hat. Die Angebote sind so vielfältig, daß für jede/n eine Riesenauswahl besteht. Für alte Menschen gibt es häufig Sonderprogramme, in denen speziell auf ihre Wünsche, Anregungen und Bedürfnisse eingegangen wird.

Die Fachbereichsleiterin für Altenbildung an der VHS Hannover gibt Auskunft über ihren Bereich: „Pro Semester finden ca. 70 Kurse (für Altenbildung – Sw.) statt ... Ältere haben den Wunsch nach speziellen Kursen geäußert, in denen ihr Lerntempo berücksichtigt wird. Viele fangen mit 60 erst an, eine Fremdsprache zu lernen, für andere liegt der Sprachunterricht 40 Jahre zurück ... In den speziellen Kursen ist der Drop-out sehr gering. Viele sind mehrere Jahre in den Kursen, und es ist schlimm, wenn ein Kurs aufgelöst werden muß.

Außerdem werden Seminare mit speziellen Themen für Ältere gemacht, wie z.B. eine Vortragsreihe über ‚Älterwerden' ... Ferner bieten wir Kurse zum Gedächtnistraining an. Dort findet auch eine Diskussion über Altern, Konzentration, Lernprobleme u.ä. statt. Wir sprechen auch darüber, daß es wichtig sein kann, Überflüssiges wieder zu vergessen ..." (aus: Zentrale Einrichtung ... 1990, 90).

Lina, die Volkshochschule und die Kunst

Lina arbeitete vierzig Jahre lang als Krankenschwester. Mit 62 hörte sie auf. Sie fand, nun sei es genug, nun wolle sie noch andere Seiten des Lebens kennenlernen. Sie meldete sich in der VHS an – für alle Kurse, die etwas mit Malen zu tun hatten (ab dem zweiten Kurs gab es Ermäßigung – auch das war Motiv zur Vielseitigkeit!) So saß Lina an drei Abenden der Woche beim Aquarellieren, Ölmalen und Zeichnen.

Nie zuvor im Leben hatte sie einen Pinsel oder einen Zeichenstift in der Hand gehabt – und entsprechend „laienhaft" waren ihre Ergebnisse. Das ist an Volkshochschulen nichts Außergewöhnliches – schließlich finden sich dort Laien zusammen, um zu lernen. Lina aber war anders als die anderen. Geduldig ließ sie sich von den bemühten Dozenten Techniken, Strichführung und Farbmischung zeigen, nickte freundlich und höflich – und malte, wie sie immer malte! Sie malte, wie sie es gut und richtig fand – und wie es ihr Spaß machte! Nach ersten resignativen Äußerungen der Lehrer und verwunderten der anderen Teilnehmer ließ man sie gewähren – war sie doch auch immer freundlich, zugänglich und nahm keine Kritik übel. Mit der Zeit galt sie als unbelehrbares Unikum – aber „irgendwie" gehörte sie dazu!

Lina war ungemein produktiv. Sie malte täglich möglichst ein Bild, besuchte einen Kurs nach dem anderen – und blieb sich und ihrem Un-Stil treu. „Naiv" fanden es viele, die glaubten, sich im Unterricht weiterzuentwickeln. Und „naiv" war es auch – im allerbesten Sinne!

Als eines Tages ein Landeswettbewerb „Bilder aus der Hauptstadt" für Künstler ausgeschrieben wurde, sandte Lina (zum Entsetzen ihrer Lehrer und Mitschüler) ein Riesenformat in leuchtendsten Farben ein. Sie fühlte sich als Künstlerin, also angesprochen – und war auch in dieser Beziehung „naiv"! Was die Profis dazu gesagt haben mögen, läßt sich denken – aber Lina gewann den ersten Preis! Das Bild wurde angekauft (für eine stattliche Summe!), und plötzlich war Lina „wer". Das Lächeln über sie und ihre „Kunst" machte einem Staunen Platz. Sie wurde im Rathaus ausgestellt, eine Bank zeigte rund fünfzig ihrer Werke (sie hatte genug dank ihres Fleißes). Die Preisliste war erstaunlich, und die Bilder gingen weg „wie warme Semmeln"!

In die Volkshochschule ging Lina trotzdem. Der Ruhm war ihr nicht zu Kopfe gestiegen. Sie lud nach wie vor ihre älteren Mitschülerinnen zu sich nach Hause ein (die dann in der Mini-Rentner-ein-Zimmer-Wohnung zwischen all den Großformaten kaum Sitzplatz fanden) und beschenkte sie großzügig mit Bildern ...

Ohne Erstaunen – schließlich wußte sie schon immer, daß

ihre Bilder Kunst waren – strich Lina die erheblichen Gewinne aus ihren Werken ein, aber ein Gefühl für den wirklichen Wert der Bilder bekam sie nie. Sie nahm weder sich selbst noch die Bilder, noch den ganzen „Kunstmarkt" so ernst, wie es in dieser Szene üblich ist – zumal sie ja auch erlebt hatte, wie wenig ernst ihre Kunst *vor* der Preisverleihung genommen worden war.

Lina malte aus Freude – das reichte ihr. Mehr sollte es nicht sein. Die Mal-Freundinnen waren ihr wichtig – und daß das Ganze dann auch noch so einen stattlichen Profit abwarf, war auch nicht zu verachten, aber es war nicht das Wesentliche!

So zog diese Erwachsenenbildungsmaßnahme ungeahnte Kreise und brachte (und bringt tausendfach auch heute noch!) Leben ins Leben alter Frauen, die ohne das Medium „Bildungsangebot"/Volkshochschulkurs wenig Möglichkeiten hätten, Kontakte auf einer vorsichtig-sachlichen Ebene aufzunehmen.

Eine ähnliche Funktion wie Volkshochschulen haben die *Familienbildungsstätten* der beiden Kirchen, die z. T. noch flexibler auf gesellschaftliche Erfordernisse und individuelle Wünsche reagieren können. Im aktuellen Programm finde ich neben der „Vollwertküche", dem Töpfern, Flötenkurs, Englisch für Anfänger, Eheseminaren und ähnlichem Gesprächskreise für „Frauen in der Lebensmitte", „die Frau über Fünfzig", „Ehe in der zweiten Lebenshälfte", „Bibelgespräche für ältere Menschen", „Plötzlich allein" (für Witwen), „Frauen um Sechzig – Neue Wege in den dritten Lebensabschnitt", „Älter-werden und fit bleiben" (Sport).

... und wem etwas fehlt, der kann es anregen! Nicht wenige Kurse in Erwachsenenbildungseinrichtungen kamen und kommen zustande, weil eine Nachfrage nach ihnen formuliert wurde! Was alte Menschen wollen und brauchen, wissen sie selber am besten. Oft genügt ein Brief mit Vorschlägen – und nicht wenige Bildungsstätten freuen sich über konkrete Angebote: „Ich könnte aufgrund meines Wissens, Könnens, meiner Erfahrung ... folgenden Kurs bei Ihnen anbieten!"

„Man muß etwas Neues machen, um etwas Neues zu sehn", schrieb Lichtenberg. Ich würde den Satz etwas abändern: „Man muß etwas Neues machen, um jemand Neues zu werden"!

„Und wofür das alles?" ...

... fragte ein Journalist Deutschlands älteste Oberschülerin: „Für ein Studium?" – „Erst mal abwarten", antwortete die 77jährige. „Zunächst will ich mit Achtzig mein Reifezeugnis haben, dann sehen wir weiter!"

Mit 76 auf die Uni? Wozu denn das noch? habe ich im Laufe meiner Recherchen immer wieder gehört – und das in fast allen Altersgruppen. Nur die sehr Jungen fanden es „echt geil", mit Achtzig noch die Uni zu besuchen.

Die Frage „Wozu noch?" beinhaltet so deutlich wie keine andere Aussage, daß wir alle (fast) nur noch nach Verwertungsmaßstäben leben und in Verwertbarkeitskategorien denken. Diese Einstellung wird in unserer Erziehung von Anbeginn an trainiert. Alles, was spätestens ab Kindergartenalter gelernt wird, ist „für irgendwas". Freude, Spaß, „nur einfach so" sind Kategorien, die noch immer den viktorianischen Ruch der Unanständigkeit haben. Pflicht ist angesagt – auch im Nach-68er-Zeitalter! „Was bringt es?" ist die wichtigste aller Fragen im menschlichen Miteinander. Der Kindergarten bereitet auf die Schule vor, diese auf die jeweils nächst höhere Schulform, alle zusammen auf einen Abschluß und dieser auf Ausbildung, Studium und Beruf. So wird das Leben durcheilt mit Handlungen „für irgendwas" – und im Alter soll es auf einmal „keinen Sinn" mehr haben? Und so überrascht auch die Frage nicht, warum eine 77jährige Abitur macht und ein 92jähriger studiert. „Was will er dann damit? Bevor er fertig ist, ist er doch tot!" ist die gängige Meinung.

Er will es für sich. Er will es nicht „gebrauchen", er will Wissen, Neues erfahren, er will sein Leben am Neugelernten messen, er will Altes korrigieren, er ist „nur" neu-gierig!

Obwohl ich von mir glaubte, eine eigene Einstellung dazu zu haben (auch ich töpfere „nur" aus Freude am Matschen und am Ergebnis!), entrutschte mir in einem Gespräch kürzlich die Frage: „Aber wofür denn diese Mühe?", als ich mit der 78jährigen Ursula telefonierte, die einmal wöchentlich in der Universitätsbibliothek sitzt, um dort das Neuste über die Gentechnologie zu lesen, weil ihr die Berichte in den üblichen Massenmedien dazu nicht ausreichen. (Sie macht kein Studium, sie lernt „nur so"!)

„Aber wofür denn noch?" Bevor ich diese Frage herunterschlucken konnte, war sie raus – und dahinter steht mehr oder weniger unbewußt immer der Gedanke: Der Tod holt doch alles ein!

„Das fragen mich alle", sagte Ursula erstaunt. „Ich muß doch auf dem laufenden bleiben. Ich muß doch wissen, was auf uns zukommt. Ich habe schließlich Enkel und Urenkel. Ich muß doch für sie mitreden können." Und dann ging sie nüchtern und sachlich auf den unausgesprochenen Teil der Frage ein: „Weißt du denn, wie lange *du* noch lebst? Du tust doch auch so viel, lernst, schreibst, liest. Und dich fragt doch keiner wozu! Wir lernen doch für uns, für andere und für heute. Wofür sonst? Solange ich noch lebe, will ich wissen, was um mich rum vorgeht! Das Fernsehen reicht mir nicht. Das ist alles viel zu oberflächlich und gesteuert. Ich will die Originaltexte lesen, sonst weiß ich doch wieder nur das, was andere mir vorkauen. Davon sollte meine Generation geheilt sein. Wir haben lange genug geglaubt!"

Für mich, für andere, für heute! So einfach ist die Antwort. Warum finden viele Menschen diese Antwort erst zum Lebensabend – und manche nie?

Wohnen im Alter – Wahlfamilie, WG mit Hund oder Luxus-Ghetto?

„... Wie sie nun so saßen, fanden sie einen rechten Gefallen aneinander, da sie nicht nur miteinander reden, sondern auch miteinander schweigen konnten. Und Onkel Jirka spürte große Lust, Piroschka heimzuführen in das weiße Häuschen zwischen den zwei breitästigen Walnußbäumen ... So luden sie flink all ihren Krimskrams in Piroschkas Holzzuber ..."

... und bezogen gemeinsam ihren Altersruhesitz, nachdem beide daheim von Kindern und Enkeln wegen ihres zu vielen „Krimskrams" hinausgegrault worden waren. Und nachdem die hartherzigen Anverwandten eingesehen hatten, daß auch „Krimskrams" manchmal ganz nützlich sein kann, kamen sie die beiden Alten sogar öfter besuchen und brachten die Enkelkinder mit. Happy-End im Bilderbuch!

Ein durch und durch aktuelles Thema: Wohin im Alter? Vor allem wohin, wenn es zu Hause „nicht mehr geht", man sich gegenseitig nicht mehr respektieren und ertragen kann, sich lästig wird, sich täglich Kleinkriege leistet?

Es kommt nicht von ungefähr, daß alle Mittvierziger, die ich nach ihren Zukunftsplänen und -wünschen fragte, als erstes auf die Wohnsituation zu sprechen kamen: wieder alleine nach WG-Erfahrung ... gemeinsam mit anderen in ein Haus ziehen ... pendeln zwischen Mittelmeer und Nordsee ... Eröffnen einer Rentnerkommune ...

Für keine Altersstufe trifft der Satz „Sage mir, wie du wohnst, und ich sage dir, wer du bist" so wie für das Rentenalter zu. Es kam auch nicht von ungefähr, daß bei allen Befragten auf die Kombination von Wohnen und Gemeinschaft eingegangen wurde – auf das „Näher-Zusammenrücken, wenn es kälter wird!"

Daß es für Alte „kälter" wird, wenn es um das Wohnen im Alter geht, ist einleuchtend. Bei den meisten steht aus vielen Gründen ein Wohnungswechsel an: die (ehemalige) Familienwohnung ist zu groß, dadurch schwer in Ordnung zu halten und oft auch zu teuer. Sie ist selten „altersgerecht" ausgebaut, und die Tradition des dreiwöchentlich anfallenden Treppenhausputzdienstes inklusiv Fensterputzens trägt auch nicht gerade zur Gemütlichkeit bei. (Im übrigen ist es in Anbetracht der sich zuspitzenden Wohnungsnot, die auch durch noch so viele Bauprogramme nicht nachhaltig gelindert werden kann, weil die Lebensformen sich viel schneller und nachhaltiger ändern, ausgesprochen unsozial, wenn eine alleinstehende ältere Dame eine Vier-Zimmer-Wohnung bewohnt, während sich die Familie mit zwei Kindern in einer Zweieinhalb-Zimmer-Wohnung drängelt).

Für Alte gibt es – ebensowenig wie für andere Altersstufen – nicht *die* Wohnform! Es kann nur eine breite Palette zur Verfügung stehen, aus der sich der Alte seinen Stil aussuchen kann. Kleine Wohnung alleine – mit Hilfe eines Zivildienstleistenden oder einer Zugehfrau; Seniorenwohnheim mit teilweiser Selbstversorgung; herkömmliches Altersheim mit angeschlossener Pflegeabteilung ... sind die üblichen und bekannten Wohnformen, die doch aber nicht jeden befriedigen, zumal eine jegliche Heimversorgung mit der Qualität und Quantität des Personals steht und fällt. Da in unserem Staat insbesondere im Sozialbereich gespart wird – und ganz besonders dort, wo es „sowieso nichts mehr bringt" –, ist die Versorgung zum Teil schlicht „nicht ausreichend", zum Teil menschenunwürdig. Die Skandale der letzten Jahre waren nur die Spitze des Eisberges. Das alltägliche Grauen wird selten beschrieben – es ist zu sehr Alltag, und die Betroffenen tun gut daran, den Mund zu halten (vgl. dazu auch: Gabriele *Jung* 49).

Die Forderung, die Ursula Lehr als Gesundheitsministerin stellte, den Alten die Möglichkeit offenzuhalten, nach Einzug in ein Alten- oder Pflegeheim bei veränderter Situation wieder in die eigene Wohnung heimkehren zu können, scheint *wenig* an der Praxis orientiert. Die Einweisung bzw. der Einzug in ein Heim bedeutet (wenn nicht noch ein Partner vorhanden ist, der „bleibt"), daß der Haushalt aufgelöst und die Wohnung weitervermietet wird. Kaum ein Rentner wird sich die hohen Heimkosten leisten können und daneben noch seine Wohnung in Reserve halten (und bezahlen), für den Fall, daß er in drei Monaten (drei Jahren?) wieder zurückkehrt. In den Fällen, in denen die Sozialhilfe einspringt, ist diese Lösung völlig undenkbar, und auch Angehörige werden nicht für „Oma" oder „Opa" eine hohe Miete für die leerstehende Wohnung übernehmen. Eine Heimkehr wäre allenfalls in eine gemeinsame Familienwohnung mit mehreren Generationen möglich.

Lediglich in einem Fall habe ich erlebt, daß jemand „zurück-ging" – und dann auch noch zu zweit! Ein neues „Senioren-wohnheim" war eröffnet worden, die Alten (fast alle alleinste-hend, 80 Prozent Frauen!) zogen ein, hatten mit Ausnahme einiger weniger persönlicher Gegenstände alles fortgegeben und lebten nun an der Endstation angekommen (auch wenn das Heimpersonal das nicht gerne hört: Alten- und Pflege-heime *sind* Endstationen, und sie werden von der Klientel auch so empfunden: „Hier gehe ich nur noch mit den Füßen zuerst raus!")

Nach einem knappen halben Jahr gab es einen Aufstand: ein Paar hatte sich gefunden! Er knapp über, sie knapp unter Acht-zig! Philemon und Baucis – und sie zogen gemeinsam aus, nah-men sich eine Wohnung ... und lebten dort glücklich bis ans Ende der Tage! Die Alten- und Sozialszene hatte ihr Thema: So was war noch nicht vorgekommen und es gab ausreichend Stimmen, die nach dem Gesetz riefen und Entmündigung ver-langten!

Für den Menschen, der nicht „in seiner Privathöhle verein-samt" leben will, gibt es neben den herkömmlichen Altenein-richtungen inzwischen noch einige Ideen, die auch schon hier und da Gestalt annehmen!

„Zehn Millionen Menschen in der BRD leben allein ..."

... viele von ihnen sind einsam. Sie wünschen sich, gemein-sam mit anderen zu wohnen und sie fragen: Wenn nicht Fami-lie, was sonst? Die Antwort ist einfach, naheliegend und dennoch für viele neu: Wahlfamilie!" schreibt der inzwischen 71jährige Journalist Ulrich Schmidt und beschreibt in dem gleichnamigen Buch sein „Modell für das Wohnen von mor-gen". Er berichtet von „seiner" Wahlfamilie, in der er lebt, von den Vorüberlegungen, dem rechtlichen Rahmen, der Installa-tion der WG, der Alltagsorganisation und den Außenkontak-ten. „Seine" Wahlfamilie besteht aus ihm (71), der 69jährigen Lilo, Rentnerin und Witwe, Kinder längst aus dem Haus; dem 36jährigen Dieter, Beamter; dem 28jährigen Jens, berufslos, zieht die „Freiheit in der WG der Eheschließung vor"; der 27jährigen Sabine, gerade mit dem Studium fertig; der 24jährigen Maren, Sozialpädagogin, der 26jährigen Mona, der 26jährigen Renée aus Frankreich und als neunter eine junge Frau, die nicht näher genannt sein wollte.

Neue Formen werden überlegt – das Bauen eines Hauses (die derzeitige WG lebt in einem alten Kindergarten!) für etwa 14 Personen als Anfang für eine ganze Siedlung für Jung und Alt ...

„Wohngemeinschaften" haben in vielen Bevölkerungskreisen auch heute noch den Ruf von losem Lebenswandel ihrer Bewohner. In Studentenkreisen und auch bei jungen Paaren mit Kindern hat sich diese Lebensform seit langem bewährt – und auch viele Wohnungsvermieter haben sich inzwischen auf diese Form eingelassen. Was für Junge gut ist – warum sollte es in leicht abgewandelter Form für Alte nicht ebenso zweckmäßig und sinnvoll sein –, wenn es richtig geplant ist z. B. mit langen Phasen des Kennenlernens *vor* dem Zusammenziehen, mit „Probewohnen", bevor die eigene Wohnung endgültig aufgegeben wird, mit exakten Absprachen der Alltagsorganisation ...?

Wenn der Journalist dieses Modell vorstellt und viele Medien diese Idee aufgreifen und sogar die Bundesregierung in ihrer Broschüre darauf hinweist, bedeutet das aber noch lange nicht, daß Alten generell diese Lebensform gegönnt wird.

Anfang der achtziger Jahre machte der Fall einer Alten-WG bundesweit Schlagzeilen, weil staatliche Instanzen so massiv eingriffen, daß dieser Versuch letztlich zum Scheitern verurteilt war. Mehrere alte Menschen – Männer und Frauen – hatten sich zusammengetan und waren in das große Haus einer ehemaligen Krankenschwester gezogen, um in Gemeinschaft zusammenzuleben. Sie hatten jeweils ein eigenes Zimmer, lebten und versorgten sich aber gemeinsam, halfen sich aus, verbrachten Freizeit miteinander ... Es hätte so schön sein können – bis irgendwer auf die Idee kam, daß dieses Arrangement gegen das Heimgesetz verstoßen würde. Die Krankenschwester hätte Einkünfte (Miete!), habe aber keine Genehmigung, ein Heim zu führen … Die Alten protestierten, von einem Heim sei gar nicht die Rede, sie würden lediglich alle gemeinsam in einer Wohnung leben … es half nichts. Ich weiß nur noch, daß es am Ende der Auseinandersetzungen darum ging, daß die Badewanne nicht den Anforderungen einer Altenversorgung entsprach: Sie stand nicht frei im Raum und war also nicht von allen Seiten zur Hilfeleistung zugänglich (wie es in Heimen sein soll!), sondern sie war an zwei Seiten eingebaut, wie es in Wohnungen der Fall ist …

Alle Versuche, sich zu wehren, alle Versuche, zu erklären, man sei schließlich volljährig und wisse, was man tue, wurden abgeschmettert – das „Modell" wurde nicht genehmigt –, dabei hatte niemand der Beteiligten um Genehmigung gebeten! Selbst die „Grauen Panther" konnten in dieser heillos verfahrenen Situation nichts ausrichten; die Alten zogen wieder auseinander, sie sahen sich nicht mehr in der Lage, diesem Terror, der über einen langen Zeitraum ging, standzuhalten.

Was wirklich dahintersteckte, blieb unbekannt. Vielleicht lag die Vermutung mancher Journalisten und vieler Altenpfleger gar nicht so daneben, daß die Freien Verbände, die das Monopol auf die Alten- und Pflegeheim-Versorgung haben, um ihre Pfründe bangten, wenn dieses Modell erst mal Schule machte!

Und wie es hätte Schule machen können! Auf die Frage, wer denn die Versorgung von Kranken und eventuell Pflegebedürftigen übernehmen solle, antworteten die Alten ganz selbstverständlich, daß sie das alles unter sich regeln würden – aber auch das schien so ungewöhnlich, daß deutlich wurde, alte Menschen sind einfach nicht mehr in der Lage, auch nur irgend etwas Sinnvolles zu tun, wenn sie erst mal die Rentengrenze erreicht haben!

„Dort sein, wo das Leben braust" …

… haben (mit staatlicher Genehmigung!) drei alte Damen mit Hund in Hamburg beschlossen und durchgesetzt. Initiiert wurde diese „neue Form des Zusammenlebens" durch eine

Sozialstation, deren Mitarbeiter beobachtet hatten, daß von den 33 Prozent über 60- und den 20 Prozent über 70jährigen ihres Stadtteils immer mehr „isolierter, einsamer und zum Teil verwahrloster" wurden. Sie ermutigten ältere Menschen zu einem Versuch: gemeinsame Vorbereitung auf das Leben in einer WG. Nach einem zweijährigen „Kursus" inklusive „echter WG"-Besichtigung und gemeinsamem Ferienheimaufenthalt zogen sich viele vorher interessierte Teilnehmer ängstlich zurück, als es „ernst" wurde ... Im Prinzip wollten sie zwar schon ... aber vielleicht doch lieber erst später ...

In den vielen vorbereitenden Diskussionen stellte sich heraus, wie alte Menschen leben und wohnen möchten: vor allem selbständig!

Selbst von hinfälligen Menschen wurden Alten- und Pflegeheime abgelehnt – aus Angst vor der Reglementierung und dem Verlust des bisherigen sozialen Umfeldes einschließlich Gemüsehändler, Briefträger und Hausarzt. Vorstadtidylle war nicht gefragt, Dauerbetreuung ebensowenig. Nur in Notfällen wollten die Alten Hilfe – und das auch noch möglichst untereinander geregelt! (Vielleicht sollte man doch mehr und mehr die Betroffenen selber fragen, was sie möchten, und sie auch selber entscheiden und handeln lassen, anstatt permanent staatliche Vorgaben zu machen und die Alten zu behandeln wie Vorschulkinder, die – noch – der intensiven Führung bedürfen!?)

Die drei alten Damen, die es dann doch wagten (74, 83 und 89 Jahre alt), bezogen gemeinsam eine Wohnung. Jede hat ihr eigenes Zimmer mit Bad und WC. Auch kochen sie getrennt, um voneinander unabhängig zu bleiben und stets das essen zu können, was sie möchten. Aber sie haben ihre gemeinsame Wohnküche und einen Gemeinschaftswohnraum – und sie haben sich gegenseitig.

Den Rest ihres Lebens im Heim verbringen, das wollen sie nicht. Die 83jährige hatte schon längere Zeit in einem Seniorenheim gelebt, bevor sie sich von dieser „totalen Institution" emanzipierte. Der tägliche Anblick alter und gebrechlicher Leute würde nur krank und depressiv machen, finden sie und sie würden auch den Kontakt zu jüngeren Menschen vermissen, für die sie derzeit bei deren Abwesenheit die Blumen gießen, Post und Pakete in Empfang nehmen und die Handwerker beaufsichtigen! (Wohl der berufstätigen Mutter, die solche drei alten Damen in ihrem Hause wohnen weiß!)

Vor allem die allen alten Menschen innewohnende Angst, eines Tages krank, hilflos, verletzt oder bewußtlos in der Wohnung zu liegen, ohne Hilfe herbeirufen zu können, ist durch eine WG gebannt – egal, ob sich „Jung und Alt" zusammengetan haben oder ‚Alt und Alt'. Bei geringfügigeren Erkrankungen wird das Krankenhaus überflüssig, da geht eine für die andere zur Apotheke, kocht Gallentee und macht Wadenwickel, *ist selber wichtig und unentbehrlich*, wird vermutlich schon deshalb weniger schnell krank und depressiv – und hat die Garantie, daß es ihr im Falle eines Falles ebenso gut und sicher ergehen wird!

Die Selbsthilfekräfte bei alten Menschen sind wie die Selbsthilfekräfte einer ganzen Gesellschaft: Sie bedürfen der Anregung, der Initiierung, einer leichten Hand bei der erstmaligen Organisation – nicht jedoch des totalen Eingriffs, der Gewaltkur und der Totaloperation! Alles immerfort umfassend regeln zu wollen ist sowohl für den einzelnen als auch für die Gesellschaft schädigend, lähmend, deprimierend – und teuer!

Die vereinsamte 87jährige im Altersheim – sauber versorgt und gut bekocht – wird wesentlich eher „älter", krank, hinfällig und mutlos als die 87jährige, die ihrer 77jährigen Mitbewohnerin Karotten vom Markt mitbringt, dem Nachbarskind eine Geschichte erzählt, wenn die Mutter fort ist, und ihre Mahlzeiten einnehmen kann, wann und wie immer sie will!

Das Argument, daß Alte ja nur dann in Heimen „landen", wenn sie sich eben nicht mehr versorgen können, zieht nicht! In vielen Fällen dürfte es so sein – aber bei ebenso vielen hapert es im Alltag lediglich an einzelnen Aufgaben, die nicht mehr wahrgenommen werden können –, das geradezu klassische Treppenhausputzen, Gardinenwaschen und -aufstecken, die „große Wäsche", der schwere Einkauf.

Doch dafür gibt es Hilfskräfte – wenngleich kaum noch genug und nicht „flächendeckend", aber doch in der Idee und im Ansatz vorhanden (Sozialstationen, „Essen auf Rädern" – Vorsicht, ggf. weitere Vereinsamung, wenn gar nicht mehr „auf die Straße" gegangen werden muß! –, Wäschedienste, Reinigungsdienste, Fahr- und Begleitdienste, mobile Bücherdienste ... und andere Initiativen – meistens von Ehrenamtlichen der Freien Wohlfahrtsverbände, von „Zivis" oder auch schon von darauf spezialisierten Organisationen erbracht).

Alten Menschen wird inzwischen viel zuwenig zugetraut. Sie werden lieber totalversorgt, als daß man sie selber entscheiden und handeln ließe. Irgendwie haben sie „ausgedient", und ihnen wird eingeredet, daß sie sich den „ruhigen Lebensabend" im Heim redlich verdient hätten. Aber viele von ihnen sind noch so voller Kraft, haben Ideen, möchten aktiv und initiativ sein – wenn man sie nur ließe! Sie wollen möglicherweise gar nicht „ausgedient" haben, sondern wollen weiter „dienen", nützlich sein, gebraucht werden – sie müssen ja deshalb nicht gleich zur „Oma fürs Grobe" degradiert werden!

Das „neue Lebensgefühl" – Wohnstifte

Sie annoncieren oft, groß und aufwendig – und da ich mich geworben fühlte, ließ ich mich informieren! Alles in Hochglanz und Großformat – aber es trifft keine Armen. Wer sich einen „Wohnstift"-Aufenthalt leisten kann, muß betucht sein! Aufwendige Bauten in edlen Gegenden („Dort, wo Deutschland am schönsten ist!" ! „In gesegneter Landschaft" und „Gepflegten Parkanlagen mit Freiluft-Schach") – und man bleibt „unter sich" ...

Die Hochglanzbroschüren verschiedener Träger wurden ergänzt durch Monatskulturkalender, Gottesdienstpläne, Busanschlußskizzen und Wochenspeisepläne (Kerbelcremesuppe, Pastete, Pistazienspeise – 900 kcal = 3780 kjoule).

Zum preisgünstigen Probewohnen wurde ich von allen Stiften eingeladen. Fast war ich versucht – aber wie Sechzig sehe ich nun doch noch nicht aus, und ob man mich schon fünfzehn Jahre zuvor „proben" lassen würde?

125

Mit Sicherheit wird dort keine „Seniorin" mit „Oma, wie geht es uns denn heute?" angeredet! Die Preise weisen auf eine gesellschaftliche Schicht hin, die selbstbewußter alt wird als der Normalbürger. So kostet ein kleines 1 ½-Zimmer-Appartement nackt und bloß ca. 2500,–DM. Um aber wirklich versorgt zu sein, kommen noch allerhand weitere Kosten hinzu: 110,– bis 150,– DM monatlich für Frühstück, 160,– bis 200,– DM fürs Abendessen, der Nachmittagskaffee schlägt mit rund 120,– DM zu Buche. Diätzuschläge, Zimmerservice, Handwerkerstunde, Servicestunde, Bedienungszuschlag ... Unter mindestens 3500,– DM ist „Geborgenheit in Gemeinschaft und Freiheit" also nicht zu bekommen. Ein paar Quadratmeter mehr und noch ein wenig Taschengeld hinzugerechnet, und die Rente darf nicht unter 5000,– DM liegen!

„Urlaub das ganze Jahr", „Panoramablick", „kulinarische Köstlichkeiten" ... helfen zu einem neuen Lebensgefühl.

„Neu" für manche sicherlich – liest sich das ganze doch eher wie die Reklame der Luxusliner –, aber auch ausfüllend? Das ganze Jahr Urlaub und dreimal täglich Köstlichkeiten vom Küchenmeister? Bei ansteigender Langeweile dann „Ausflüge im hauseigenen Bus in fröhlicher Gemeinschaft" ... Ich habe die Vision eines Luxuswarteraums zum Tode „einschließlich günstiger Anbindung zum nächsten Flughafen, der sie mit der großen weiten Welt verbindet"!

Am beunruhigendsten finde ich das Alles-Hausinterne: Schwimmbad, Pediküre, Golf- und Tennisplätze, hauseigene Bibliothek, Billardzimmer, Lebensmittelladen, Sparkasse, Friseur, Reinigungsannahme, Theaterkartendienst, Stiftscafé, Theatersaal, Weinstube ... In der Jugendhilfe werden gerade diese Heimtypen (ohne Luxus allerdings!) abgeschafft, weil die Rundumversorgung den Charakter einer „totalen Institution" hat. Nun läßt sich einwenden, daß junge Menschen erst noch lernen müßten, sich selber zu versorgen, alte das jedoch nicht mehr bräuchten. Aber genau darin liegt der Denkfehler, der Alten ihre Rolle zuweist, nur noch schwimmend, Billardspielend, Ausflügemachend, dauerurlaubend ... auf den Tod zu warten, keine Pflichten, keine Verantwortung übernehmend.

Mit dem Argument, sie hätten für ihr Leben genug geleistet, werden sie auch aus „dem Leben" entlassen. Sie haben „ausgedient" – diesmal mit Zuckerguß verbrämt! Sicher – es gibt Stifte, in denen Freizeitangebote „von Senioren für Senioren" gemacht werden –, aber das scheint die Isolation im Wohlstand nur noch zu vertiefen: „Wir unter uns" – Edel-Ghetto!

Erträglich dürfte diese allenfalls für einen noch am (wirklichen!) Leben teilnehmen wollenden sein, wenn er am Ort Kinder, Freunde, Kegelschwestern oder eine späte Liebschaft hat, die helfen, aus der 24-Stunden-Fröhlichkeit auszubrechen!

Es ist eine Lebensform – gewiß! Aber sie trägt nicht dazu bei, Alt und Jung miteinander leben zu lehren und füreinander Verantwortung zu übernehmen. „Wir wissen unsere Mutter dort gut versorgt" hat auch immer den Beigeschmack von „gegen hohe Kosten abgeschoben".

Sollten alte Menschen keine andere Funktion mehr haben, als die letzten Jahre ihres Lebens „in Ruhe und Beschaulichkeit" die Zeit totzuschlagen, bis diese sie totschlägt? Sollen sie den nachfolgenden Generationen nichts mehr zu sagen haben, nichts mehr geben dürfen? Müssen sie von allem „entlastet" werden, weil sie ihr Lebtag so schwer gearbeitet haben?

Da ziehe ich für mich lieber den Unruhestand vor, hole mir morgens meine zwei Brötchen und die Zeitung selber, gehe in Volkshochschulkurse drei Straßen weiter, in denen ich Krethi und Plethi zwischen zwölf und 82 treffe, höre mir an, was andere in Schule, Ausbildung, Jungehe und Kindererziehung erleben, und darf dafür dann auch mal über meine Alterswehwehchen plaudern, ohne gleich auf die Öffnungszeiten des stiftsinternen Seniorenturnens hingewiesen zu werden. Ich will auch als Alte noch auf Demos gehen, mit Freunden die Nacht über an einem Seeufer grillen und per Fahrrad die Gegend erkunden. Das alles scheint mir zur Klientel der Stifte nicht zu passen – vom Outfit einmal ganz abgesehen!

„Die entpflichteten Ruheständler fühlen sich als sozialer Ballast", schrieb 1960 der damals schon 75jährige Internist Max Bürger. „Selbst wenn die materielle Versorgung befriedigend ist, fühlen die Alten sich ausgestoßen. Man sollte Bedingungen schaffen, die die Möglichkeiten bieten, die ‚Ruheständler‘ nach Maßgabe ihrer Kräfte, ihres Wissens, ihres Könnens und ihrer reichen Erfahrung zur Geltung zu bringen, damit sie in ihrem weiteren Leben Sinn und Befriedigung finden. Das Erfahrungsgut der Alten bleibt oft nutzlos und unbeachtet am Wege liegen ...“

Vielleicht könnten sie es einsetzen, um gegen Urteile wie das folgende anzugehen?

Im Juli 1989 fällte der Dritte Senat am Verwaltungsgerichtshof Mannheim ein denkwürdiges Urteil: Altenpflegeheime dürften nicht in reinen Wohngebieten gebaut werden, schon gar nicht in „hochwertigen“ ... Wenn jetzt das Pflegeheim im Wohngebiet zugelassen werde, könnten später anderweitige ‚Sondernutzungen‘ dort schwerlich abgelehnt werden ...

Die Presse hat entsprechend reagiert: Die „Badische Zeitung“ nannte den Verwaltungsgerichtshof einen „Alten-Tilg“ und Hanno Kühnert von der „Zeit“ fragte, wie bei solcher Stimmung und Rechtsprechung die Probleme der Alten gelöst werden sollen! „Wer bewahrt uns vor der Gedankenlosigkeit und Dummheit derjenigen, die aufgrund ihrer Beamtenpensionen in feineren Seniorenheimen gepflegt werden können?“ „Weh den Alten“, hat er seinen Artikel überschrieben und beendet ihn mit: „Weh uns, wenn wir alt werden!“

„Mit Siebzig nach China,
vorher aber noch durch Pakistan!“
Wie alte Frauen reisen

Während zu Hause meine ersten Alten-Interviews aufs Tippen warten, mache ich mich auf gen Süden. Vierzehn Tage Sonne in einer kühlen Jahreszeit mit Sohn, der mir gerade eröffnet hatte, daß er jetzt in dem Alter sei, wo „man“ die Welt kennenlernen muß.

Mit selektiver Wahrnehmung betrachte ich Tag für Tag die

Speisesaal-Situation, denn in anderen Situationen sind die Gäste kaum zu sehen!

Am Tisch rechts von uns sitzen zwei ältere Damen. Die eine Noch-Lehrerin („Noch zwei Jahre, dann ist Schluß!"), die andere verrentete Ärztin. Sie essen zusammen, haben getrennte Räume, und sie machen ihre Unternehmungen mal getrennt, mal zusammen. Beide sind's zufrieden – sie wollen versuchen zu verlängern. Ihre Gespräche sind rege, sie beziehen uns gerne mit ein – unaufdringlich, aber kontaktfreudig. Die „Rentnerin" vor allem freut sich über die Ruhe und Muße und darüber, daß es in ihrem Zimmer kein Telefon gibt. „Zu Hause habe ich soviel zu tun – das ist schlimmer als zur Zeit der Berufstätigkeit", sagt sie mit einem gespielten Seufzer – und strahlt Zufriedenheit aus. Mehrere ehrenamtliche Tätigkeiten in Vereinen („als Medizinerin bin ich doch noch immer gefragt!") bekleidet sie, und außerdem reist sie für eine geologische Gesellschaft: „Material sammeln!" Sie lacht spitzbübisch und freut sich über meine Verblüffung ... Wenn ich mir vorstelle, ich sollte mit Sechsundsechzig durchs Gebirge kraxeln und Steinchen aus den Hängen klopfen ...!

Am Tisch links von uns sitzen weitere zwei Damen: die eine Noch-Lehrerin, die andere Ex-Lehrerin. Atmosphärisch ist zu spüren, wie sie sich gegenseitig auf die Nerven gehen. Die „Jüngere" will viel laufen, schnell ausschreiten, will viel sehen, will den Urlaub „nutzen". Die ältere will „mitgenommen" werden, überall dabeisein, nicht alleine im Hotel bleiben – aber bitte alles nicht so schnell und nicht so viel. Öfter mal sitzen und rasten, hier in ein Geschäft und da in ein Café. Ein hörbar unauflösliches Dilemma. Gelegentlich vernehme ich etwas von „eher abreisen". Als die Ältere hört, daß wir einen Tag lang auf eigene Faust Pompeji besuchen wollen, will sie mit – weil „das ist nur halb so teuer, wie wenn ich mit der Reisegesellschaft fahre".

Natürlich willige ich ein – warum nicht? Aber schon bei der ersten Besprechung wird mir leicht schummrig: Ob sie wohl lieber die Strickjacke oder den Anorak mitnehmen soll? Und ob wir lieber im Restaurant nur ein Getränke zu uns nehmen sollen und das Butterbrot dann draußen essen? Als sie mir bei der zweiten Vorbesprechung die jeweiligen Vor- und Nachteile von Banane contra Yoghurt – eßbar in pompejanischen Ruinen („ob es da auch was zu sitzen gibt?") – lang und breit erörtert, packt mich das leichte Grausen. Als sie mit mir dann auch noch besprechen will, was ich(!) zu unternehmen gedächte, wenn ich(!) sie verlöre(!), plane ich den Ausflug mit einem flotten Endvierziger vom Gegenübertisch, der dafür nach 24stündiger Debatte mit seiner besseren Hälfte freigestellt wird (ich bin ja ungefährlich, ich habe meinen Sohn dabei! – ein nicht zu unterschätzender Faktor für mannlos reisende Frauen!).

Zusammenreisen alter Frauen? Aus der Not (welcher? Keinen Mann vorweisen zu können?) eine Tugend machen?

In drei bis vier Jahren wird mein Sohn vermutlich mit seiner alten Mutter nicht mehr reisen wollen. Er hat dann das Alter, in dem er „raus" muß, in dem er weder als mein Reisepartner mißbraucht (Mamas kleiner Kavalier – welch Grauen!) noch als kleines Kind mitgeschleppt werden darf. Dann gehört er ins Camp unter Gleichaltrige – zu Pfadfindern, seiner Musikgruppe, dem Zeltlager der Leichtathleten ...

Dann reise ich wieder alleine! Aber dieses „alleine" wird eine andere Qualität haben als die letzten Jahre, in denen ich zehn Tage jährlich „ganz ohne" genossen habe, während Vater und Sohn zu Hause Männerwirtschaft machten. Es wird auch eine andere Qualität haben als meine Allein-Reisen der vorfamiliären Ära, als ich noch allzu gerne allein reiste, weil dort draußen das Abenteuer lachte. Und so richtig lachte es natürlich nur, wenn ich solo auftrat.

Wenn ich fünfzig sein werde, wird es mir nicht mehr ganz so lachen (vielleicht noch lächeln?) – auf keinen Fall in Form flirtender schmucker Endzwanziger – spontan, heiter, unbeschwert, flott, unverbindlich und von dieser herrlichen Bitter-Süße, die das Gewürz des Lebens ausmacht.

Ich werde versuchen, das Leben anzulächeln – vielleicht lächelt es zurück!?

Sechs Tische entfernt von unserem sitzt eine Frau in meinem Alter. Sie ist im ganzen Speisesaal die einzige Alleinreisende. Sie ißt allein, wandert allein, schwimmt allein. Während der Mahlzeiten liest sie – meistens auch noch Schwerverdauliches! Das Buch enthebt sie der Verpflichtung, sich umzuschauen, andere (glücklichere?) Menschen anzusehen, die als Paare, Familien oder Freunde reisen, lachen, essen, trinken, reden …

Wenn sie den Speisesaal betritt, geht sie schnellen Schrittes und erhobenen Hauptes zwischen den Tischreihen hindurch ohne Gruß, ohne Blick nach rechts und links, nur mit dem Buch unterm Arm. Sie setzt sich, schlägt das Buch auf, blickt noch nicht mal auf, wenn sie ihre Bestellung aufgibt und wenn der Ober das Begehrte bringt. Gabel rechts, Buch links futtert sie. Als Variante: Messer rechts, Gabel links, Buch geöffnet an die Weinflasche gelehnt. Nach dem letzten Happen ein schneller Wisch mit der Serviette, der letzte Schluck, das Zuklappen des Buches, aufstehen, blicklos raus – der Inbegriff von Einsamkeit und Kontaktlosigkeit!

Sie macht mir zweimal täglich Angst. Ich sehe mich – später! Ich überlege, wie ich einer solchen Tortur entgehen kann, in vier, vierzehn, vierundzwanzig Jahren!

Zu Hause erzähle ich davon Petra. Auch sie Mitte Vierzig, weder Kind noch Kegel, mann- und haustierlos. „Wie machst du das eigentlich, wenn du reist?" frage ich sie – schnell hinzufügend, daß *ich* mir Sorgen um Später mache – weil sie so unendlich empfindlich ist, was ihr Alleinleben betrifft. O ja, das ist ihr alles bekannt. Und ich staune, mit welcher Offenheit sie über Strategien der Vermeidung von Konfrontation mit Gemeinsamkeit anderer sprechen kann. Hotels und Pensionen probiere sie – wenn diese nicht zu weit entfernt lägen – vorher auf einem Kurztrip aus. Auch und besonders im Hinblick darauf, wie man ihr dort als alleinreisender Frau begegnet. Katzentisch? Nein danke! Einziges Zimmer des Hotels ohne Balkon? Nein danke! Anmache oder Anpöbeleien durch männliches Personal? Nein danke!

Am liebsten verbringe sie ihre Urlaube dort, wo die Sitzordnungen beliebig sind und von Mahlzeit zu Mahlzeit wechseln, wo es auch lange Tische gibt, an denen sich alles und jeder in lockerer Abfolge zusammentut.

Und der Speisesaal wie ich ihn beschrieben habe? O ja, den kennt sie auch und meidet ihn wie der Teufel den Weihrauch. Und wenn es gar nicht anders geht, sie es vorher nicht wußte, dann ißt sie eben als eine der ersten oder kommt erst als letzte, wenn alles gelaufen ist, wenn der Raum leer ist und keine Blicke sie taxieren ... Warum? Was kann sie weniger ertragen: den Anblick von zufriedener Gemeinschaft oder das Gefühl, abgeschätzt und bemitleidet zu werden?

Beides ist es – und dann noch die Hemmung, sich Paaren oder Familien gleich welchen Alters anzuschließen. Die Männer wittern in der Regel den fetten Bissen (frustrierte alleinreisende Vierzigerin fällt wie eine überreife Frucht in den Schoß eines jeden Mannes!) und die dazugehörigen Ehefrauen kennen nicht nur ihre Männer, sondern haben vor nichts soviel Angst wie vor der attraktiven, selbständigen, selbstbewußten (wenn die wüßten!) Alleinreisenden, von der sie annehmen, daß diese nichts anderes in Blickfeld und Hinterkopf habe als den schnellen Übergriff nach dem erst- und nächstbesten! Die Situation ist klassisch; Ich denke, du denkst, daß ich denke! So kann's nichts werden!

Auf Wanderung, am Strand, im Zimmer – alles nicht so schlimm – aber Speisesaal und Bar – grauenhaft!

„Hast du Erfahrung mit Reisen zu zweit? Zu zwei Frauen?" – „Nein, nicht. Will ich auch gar nicht haben, da potenzieren sich die Probleme nur. Da wird Einsamkeit nur kaschiert!"

Also Reise-Glück nur im alten Klischee? Vater, Mutter, Kinder und später dann Senior und Seniorin? Arme Welt! Arme Frauen! Macht power! Setzt eigene Normen! Zeigt, daß die Ehemänner anderer Frauen auch kalt lassen (wenn sie es tun!), legt die Bücher weg beim Essen und blickt euch um! Seid froh, reisen zu können! Genießt es! Macht euch euer eigenes Leben ...

... denke ich!

Heute!

Und gleichzeitig halte ich Ausschau auf meine Jahre in den Fünfzigern, Sechzigern, Siebzigern. Nicht ganz so voller power!

Und dann befrage ich natürlich zu diesem Problem „meine alten Frauen".

Allein reisen? Na klar, nur! Wie denn sonst?

Speisesaal? Was? Wie? Bar? Haha! „Meine Alten" betreten keinen Speisesaal und erst recht schon keine Bar. Sie sind Selbstverpflegerinnen: eine kleine Mahlzeit hinterm Steuer eingenommen, wenn es draußen regnet. An einen Baum gelehnt mit Handtuch-Serviette auf dem Gras, der Melone links, dem Fladenbrot rechts – und vor sich nicht ein Buch, sondern Aussicht, Berge, Meer!

Nein, da ist nichts von Resignation, von Ausweichen oder Kompensation. Das ist Lebensfreude und Freiheitsdurst und Dankbarkeit, noch mit Siebzig durch Pakistan, mit fünfundsechzig durch Australien, mit siebenundsiebzig durch die Pyrenäen wandern zu können.

„Bar? Ja, siehst du, das sind nicht die Probleme unserer Generation", sagt Ursula lächelnd. „Eine Bar hat mich weder mit Zwanzig noch mit Fünfundvierzig interessiert, warum denn dann mit Siebzig?"

Aber irgendwann muß sie doch mal ein Hotel, ein Restaurant betreten. Und dann? Sie lacht herzlich: „Was meinst du, wenn ich in abgelegenen Gegenden einen Gasthof betrete. Wie die mich Fossil anstaunen. Meistens denken die, ich bin meiner Familie verlorengegangen oder habe mich verirrt, und dann lache ich und erzähle, daß ich allein mit Wagen unterwegs bin. Was meinst du, was da für Gespräche aufkommen! Da will mich natürlich jeder beraten, und jeder weiß alles besser als ich. Und ich tu' dann wie eine dumme Alte und höre mir alles an – sie meinen es ja auch gut –, und dann verabschiede ich mich und fahr' weiter."

Sie wird etwas ernster und gesteht zu: „In eurem Alter ist das natürlich nicht ganz so einfach. Ich bin doch schon ein

Neutrum. Von mir will keiner mehr was, und keiner betrachtet mich mit solchen Augen wie euch. Und da ich keinerlei Absichten habe, kann ich mich ja auch ganz beruhigt auf jedes Gespräch einlassen. Das könnt ihr ja alle nicht, da schwingt ja doch noch zuviel Anziehung und Abstoßung mit. Aber laß mal", lacht sie wieder, „das gibt sich von ganz allein! Du mußt nur offen sein, freundlich, zugewandt – dann findest du auch jede Hilfe. Gerade, wenn du älter bist – da will man so einer verrückten Alten natürlich noch Gutes tun. Die kann ja gar keine Ahnung vom Auto haben und vom Kartenlesen. Ach, warum soll man sie nicht lassen. Man muß die Emanzipation doch nicht immer herauskehren. Die lebt man. Die zeigt man den Männern nicht immerfort. Da macht ihr Jüngere viele Fehler. Aber das lernt ihr auch noch! ... So und jetzt zeige ich dir meine Fotos vom Sommer. Da war ich auf dem alten Pilgerpfad nach Santiago de Compostela. Alles zu Fuß, nur manchmal hat mich ein Lastwagen mitgenommen, wenn es regnete!"

Ursula ist 78 Jahre alt!

Polarkreis zu Fuß

Frauke sieht aus wie ein vertrockneter Apfel – einer, der versehentlich bis Ende April in der Stellage überwintert hat. Ihr Gesicht ist eine Landschaft voller Leben (sicher hat sie nie in ihrem Leben eine Antifaltencreme benutzt!), voller Täler und Einschnitte, voller Erlebnisse und Bewegung.

Als ich ihr nach Jahren wieder einmal begegne, ist sie gerade 82 Jahre alt – noch etwas kleiner als ohnehin, hager und zäh. Sie trägt einen Anorak, der schon die hohe Zeit der Jugendbewegung erlebt hat, Kniebundhosen, dicke Wollsocken und derbe Wanderstiefel. Sie ist mal wieder unterwegs mit kleiner Wolldecke und Tagesverpflegung.

Frauke war Lehrerin. Irgendwie hat sie es geschafft, daß die Schulbehörde sie behielt bis sie siebzig war – auf eigenen Wunsch und weil sie „ihre" Kinder so mochte. Einen Mann und eigene Kinder hatte sie nie. Ihr hatte die Kameradschaft der Wandervogelbewegung genügt und die Möglichkeit fremder Leute Kinder aufzuziehen. Ihre Wanderleidenschaft hat sie sich über die Jahrzehnte erhalten, und da sie immer schweigsam und eher ungesellig war, außerdem weder in ihrer noch in der nachfolgenden Generation gleichwertige Wanderer kennengelernt hat, durchstreift sie Nord- und Südeuropa eben alleine.

Derzeit hat sie sich auf Skandinavien spezialisiert. Sie erwandert sich das Land. Ihr Ausgangspunkt ist meistens Oslo. Bis dort fährt sie mit der Skandinavien-Fähre ab Kiel. Gelegentlich bedient sie sich eines Busses, notwendigerweise benutzt sie Fähren über die Fjorde – aber alles andere „macht" sie zu Fuß. PKWs verabscheut sie, und nur ein einziges Mal in ihrem langen Wanderleben (darauf legt sie Wert!) hat sie sich per Anhalter mitnehmen lassen, als der Dauerregen zu Eisregen wurde und die Dunkelheit sie mitten im Gebirge überraschte.

Zum 80. Geburtstag hat sie sich etwas Besonderes geschenkt. (Alte Frauen scheinen sich öfter besondere Geburtstagsgeschenke zu machen. Vermutlich sind sie nicht gewöhnt, etwas geschenkt zu bekommen, und machen sich lieber selber eine Freude, als auf ein soziales oder caritatives Wunder zu hoffen!)

Da sie in Norwegen und Schweden inzwischen jeden mittelgroßen Felsen, jede Übernachtungshütte und jegliche Touristenentwicklung kannte, wollte sie die beiden Länder einmal umrunden. So schenkte sie sich zunächst eine Reise mit dem Postschiff von Bergen nach Kirkenes am Nordkap und zurück! Frauke wäre aber nicht sie selber, wenn eine solche – touristisch durchaus schon übliche – Tour nach dem offiziellen Plan abliefe. Zunächst buchte sie die Reise für den Herbst, wenn es kaum noch jemanden in die Kälte zieht. Neben einem alten schweigsamen Seebär, der aus Sentimentalität zur Dauerkundschaft dieser Route gehört, war sie die einzige Passagierin: bestaunt, bewundert – aber nicht belächelt. „So eine verrückte Alte" hat sie wohl zu hören bekommen, aber sie sah darin eher eine Anerkennung von der Schiffsbesatzung. Die Hinreise genoß sie touristenmäßig – allerdings ohne die obligatorischen Tagesausflüge. Sie dampfte über den Polarkreis und die Lofoten bis zur „Endhaltestelle" Kirkenes, kehrte dort aber nicht mit dem gleichen Schiff um, sondern erwanderte von dort aus erst mal die Gegend. Vom nächsten Postdampfer ließ sie sich dann zur nächsten Stadt mitnehmen, machte dort wiederum halt, wanderte ... und war auf diese Weise erst nach sieben statt nach zwei Wochen wieder zu Hause.

Ob sie nie Angst hatte, habe ich sie gefragt. Sie hat mich wortlos angeguckt. Dann hat sie etwas unwirsch den Kopf geschüttelt und verachtungsvoll gesagt: „Angst? Wovor? Ihr Jungen habt einfach zuviel Phantasie!" Und wenn sie unterwegs in einsamer Gegend und großer Kälte einmal krank werden würde, hatte ich weitergefragt und mich meines allzu weltlichen Gedankens schon fast geschämt. „Krank? Bin ich noch nie gewesen. Warum dann gerade unterwegs?" antwortete sie, wendete sich kopfschüttelnd ab, nahm ihren Rucksack hoch und brach auf.

Lores Reisepläne

Lores Hobby war von früh auf die Geologie. Sie war nie ohne Rucksack, Hämmerchen, Schäufelchen und ein Bestimmungsbuch unterwegs. Ihren Ehemann lernte sie auf einer solchen Wanderung durch unwegsames Gelände kennen – er wollte sie gerade retten, wo es gar nichts zu retten gab.

Nach Ehe und Kinderphase nahm sie ihre Exkursionen wieder auf. Weil sie nach soviel Familie noch nicht wieder auf eigenen Beinen stand, nahm sie auf die erste Tour ihren jüngsten Sohn mit, der die Liebe zur Erde von ihr übernommen und Zoologie und Botanik studiert hatte. So zogen sie zu Fuß – schauend und sammelnd – sieben Wochen durch die kanadischen Wälder. Lore betrachtete dieses Unternehmen als Probe: Geht es noch oder nicht? Immerhin war sie inzwischen über sechzig Jahre alt. „Es" ging noch. Die nächsten Erkundungstouren machte sie – wie einst – wieder alleine.

Vor zwei Jahren hatte sie eine große Reise durch China geplant – zum Siebzigsten! Aufgrund der Unruhen blies sie sie ab

und hofft nun darauf, daß sie sie wenigstens mit Dreiundsieb-
zig unternehmen können wird.

Kurz vor der China-Absage war sie gerade aus Pakistan wie-
dergekommen – „eine Landschaft, die mich von Kindesbeinen
an wahnsinnig gereizt hat! Mein Vater hatte alte Reisebücher
oder Geschichtsbücher – mit ersten Fotos. Ich wäre am liebsten damals schon losgezogen. Diese Gegend, diese Menschen!
Warum nur machen sich diese Länder durch ihre ständige
Kriegsbereitschaft so unwirtlich!?"

„Hast du an den Grenzen keine Schwierigkeiten gehabt?"

„Grenzen? Nein, ich bin geflogen – das hat mein Reisebüro
alles für mich erledigt. Ich weiß gar nicht, was dafür alles nötig
war. Interessiert mich auch nicht, ich bin ja nicht Welten-
bummlerin, ich will ja wandern und sammeln!"

„Bist du in den politischen Wirren unbehelligt geblieben?"

Lore versteht mich nicht recht. „Politische Wirren sind es
von außen! Im Land merkst du davon nichts! Oder merkst du
in Hannover, wenn es in Bayern politische Wirren gibt!? Das
ist die politische Großwetterlage – der Dauerzwist mit Indien,
davon kriegt doch weder der einzelne Einwohner noch der
Tourist etwas mit! Es war so zauberhaft! Diese Menschen!
Diese Gastfreundschaft! Und wie sie mich bestaunt haben. Immer wollten sie helfen. In abgelegenen Ortschaften hätten sie
mich am liebsten von Familie zu Familie gereicht. Manchmal
mußte ich die Gastfreundschaft auch annehmen. Ich war diesmal ohne Zelt unterwegs, dafür war mir das Land doch zu unbekannt. So hab' ich in einer Art Karawanserei übernächtigt.
Lies mal alte Bücher von der Seidenstraße – so ähnlich habe
ich alles noch vorgefunden. Jahrhundertwende.

Gesammelt habe ich fast gar nicht wegen des Fluggepäcks.
Aber ich habe das Schauen und den Müßiggang genossen. An
manchen Tagen habe ich nur 15, 18 Kilometer geschafft, aber
ich habe alles in mich reingeschlürft. Manchmal habe ich gedacht, ob das wohl das Land meiner Urahnen ist? Es war mir so
ungemein vertraut, so als ob meine Seele dort schon gewohnt
hätte.

Im Moment schaue ich meine Aufzeichnungen durch. Ich

will meine Wanderungen als Reiseberichte zusammenstellen. Nein, nicht zum Veröffentlichen. Ich mag diesen Rummel nicht! Nein, für mich und für meine Kinder und Enkel. Die sind es ja nun schon gewohnt, aber fassen können sie es immer noch nicht. Jedesmal begraben sie mich schon in Gedanken, und dann tauche ich doch wieder auf.

Ich möchte noch die ganze Welt umwandern, ich möchte die Erde in mich aufnehmen, verstehst du!? Ich möchte an Seen und in Gebirgen sitzen und nur gucken, gucken und träumen und dankbar sein.

Ja, China kommt noch. Natürlich ein Stück der alten Seidenstraße. Ich würde ja so gerne in die Mongolei – aber da habe ich noch so wenig Informationen. Vielleicht ist es möglich. Es gibt Länder, die haben auf mich keine Wirkung: Australien, Japan. Aber weißt du, was ich noch gerne durchwandern würde? Nein, nicht die Sahara, ich bin doch nicht lebensmüde! Nein, die Anden! Von oben nach unten. Natürlich wäre ich dazu am liebsten mit mir allein, aber das sind ja auch wieder Länder – ach, manches ist mir politisch einfach zu gefährlich. Die Menschen sind durch die Politik und alle Erniedrigungen ja so aufgehetzt. Immer will ich doch nicht auf den Bonus ‚alte Frau‘ setzen. Vielleicht mache ich das noch mal mit einem meiner Söhne!... Ach nein, die haben ja nie Zeit. Außerdem sind die auch nicht mehr so gut auf den Füßen. Aber vielleicht mit einem Enkel. Stell dir vor: drei Monate durch die Andentäler. Da atmest du die Entstehung der Welt. Irgendwie bin ich zu spät auf der Welt. Zur Erschaffung hätte ich dabeisein müssen, als alles noch gangbar war. Vielleicht war ich es ja?

Ich habe noch keinerlei körperliche Ermüdungserscheinungen. Ich bin ja soviel unterwegs und meine Ernährung, na, die kannst du dir ja vorstellen. Oft nur hartes Brot, an dem ich lange zu beißen habe – und wo ich immer bin: Sauermilchgetränke. Da setzt man kein Fett an, und an einem Infarkt werde ich bestimmt nicht sterben. Ja, mein Wanderleben habe ich noch vor mir. Ich bin jetzt erst richtig wieder auf den Geschmack gekommen. Früher war es ja nur Großdeutschland –

da hat niemand von uns an andere Erdteile gedacht. Aber heute – du setzt dich für ein paar Stunden ins Flugzeug – und schon kannst du im Zielland loslaufen. Das hätten wir uns vor fünfzig Jahren doch nicht träumen lassen.

Nein, die Welt habe ich noch nicht umrundet. Sicher, die erforderlichen Kilometer habe ich zusammen, das ist keine Kunst, das schafft jede Hausfrau, die ihre Wege nicht gut einteilt. Mit Ausnahme von Australien bin ich schon in allen Erdteilen gewandert – fast immer allein. Und es war schön! Mein Gott, waren das schöne Wanderungen. Ich war ja auch nie im Zeitdruck und habe mir vorher nie Routen abgesteckt. Natürlich vorbereitet, aber ich bin auch mal geblieben, wenn ich wollte, und nicht unbedingt weitergegangen.

In achtzig Tagen um die Welt? Nein, in achtzig Jahren. Für achtzig Tage ist die Welt zu schön. Zu schön und zu schade. Aber ich habe ja noch soviel Zeit. . . . Willst du es nicht auch mal probieren? Ich nehm' dich mal mit!"

Und zu guter Letzt will ich doch noch Ute ein Denkmal setzen. Sie kommt gerade von ihrer Reise nach und durch Korsika zurück. Per Auto hin, mit der Fähre übergesetzt und dort zwölf Tage im Auto herumzigeunert, natürlich alle Nächte im mitgebrachten Federbett im Auto geschlafen! Das einzige Problemchen – „aber es ging ohne Beulen!" – war die Durchquerung von Mailand zum Zeitpunkt der Fußballweltmeisterschaft! Das würde eine Mittvierzigerin umhauen – aber doch keine 78jährige!

Unwürdige Greisinnen

„Alter: jene Periode, in der wir die Laster, die wir noch schätzen, damit gutmachen, daß wir jene verteufeln, die zu begehen wir nicht länger wagen" (Ambrose Bierce, 1906).

„Was habt ihr Alten denn nach der Gesellschaft – die längst über euch hinweggegangen ist – zu fragen? Wer von der Gesellschaft nichts mehr will, hat nichts mehr von ihr zu fürchten. Das Grab gönnt uns jeder. Duckmäuser ihr! Was horcht ihr noch immer auf Beifall und Zischen dieser Gesellschaft?" (Hedwig Dohm, 1903).

Ich habe noch einmal Brechts „Unwürdige Greisin" gelesen – mit wesentlich größerem Vergnügen als dereinst, als es Pflichtlektüre im Deutschunterricht war:

Als der Großvater starb, war die Großmutter 72 Jahre alt. Ihr Lebtag hatte sie für die „Mannsleute" gerackert und fünf Kinder mit kläglichen Mitteln großgezogen. Als sie plötzlich allein war, begann ihr eigenes Leben. Sie aß jeden zweiten Tag im Gasthaus, sie, die sonst immer nur die Reste der anderen beseitigt hatte! Sie zeigte wenig Neigung, ihre Kinder und Enkel bei sich wohnen zu lassen, und hatte etwas anderes vor, als ein Sohn mit ihr das Grab des Seligen aufsuchen wollte. Sie fuhr zu Pferderennen, und es ging das Gerücht, daß sie beim Flickschuster in der Küche Karten spiele und dazu Rotwein trinke! Den Pfarrer, der sie in ihrer Einsamkeit trösten wollte, lud sie ins Kino ein – und starb dann noch nicht einmal im Bett, sondern auf einem Stuhl am Fenster!

„Sie hatte die langen Jahre ihrer Knechtschaft und die kurzen Jahre der Freiheit ausgekostet und das Brot des Lebens aufgezehrt bis auf den letzten Brosamen!"

Sie hatte sich im letzten Jahr „Freiheiten gestattet, die normale Leute gar nicht kennen" – und einer ihrer Söhne wurde „ganz hysterisch" über die „unwürdige Aufführung" der Mutter!

Der unwürdigen Greisinnen sind nur (noch) wenige! Leider! Aber ein paar habe ich aufgetan! Mögen sie dazu anregen, Häkeldeckchen und Kakteenpflege etwas zu vernachlässigen und zu gucken, was das Leben sonst noch so bereithält – draußen vor der Tür!

Die „Weiberwirtschaft" der „Spätzünder"

„Bereits 1980 haben sie sich entschieden: Däumchendrehen und auf den Tod warten, inaktiv und allein zu Hause sitzen, das ist es nicht. Elf muntere Berlinerinnen zwischen 62 und

92 (!) taten sich zusammen und machten Theater. Aus dem losen Spielkreis entwickelte sich sehr bald eine feste Gruppe, die Laienspiel im besten Sinne des Wortes betreibt. Mit sehr viel Spielfreude und Engagement entwickeln sie, unterstützt durch eine Theaterpädagogin und professionelle Regie, aus Erlebtem, Erfahrenem und sorgfältig Recherchiertem ihre eigenen, brisanten Stücke, die sie mit scharfer Selbstironie, Witz, Schlagfertigkeit und Einfühlungsvermögen gekonnt auf die Bühne bringen ... „Liebe und pflegeleichte Omas sind sie nicht, die ‚Spätzünder‘ vom Theater der Erfahrungen in Berlin ... Fernab von Häkelromantik und Butterfahrten brechen sie spielend Tabus: Liebe im Alter, Isolation oder, wie in ‚Weiberwirtschaft‘, ungewollte Schwangerschaft heute und in der Generation der 1945er Trümmerfrauen" (Programmheft Hannovers Theaterfest 1990).

„Pralles Theater", lautet die Kritik – und die Zuschauer sind begeistert über Dialoge und Spielleidenschaft der zehn alten Frauen, die die „Weiberwirtschaft" auf die Bretter legen!

Auch im Alter: ‚Spaß an der Freud‘

„Wenn die fast 80jährige das Mikrofon ergreift und von wilden Träumen und Trieben singt, der Tristesse der zwanghaften Zweisamkeit den fröhlich begangenen Seitensprung gegenüberstellt, wenn sie mit rollendem Ufa-Rrr die Erotik beschwört, spricht sie, bei Frauen zumal, verdeckte Sehnsüchte an: daß es jenseits von Friedhofsbesuch und Butterfahrt im Alter auch etwas anderes geben kann: Spaß!"

„Als sie zwanzig war, habe ihre Mutter gemeint: ‚Deine Zeit kommt erst nach Fünfzig‘, erinnert sich die (damals) 75jährige und bestätigt: ‚Jetzt beginnen für mich die kreativen Jahre.‘ So schreibt sie zur Zeit ein Buch über ihr Leben, bereitet ihre erste Platte mit eigenen Gedichten vor und tritt zum Filmstart von ‚Anita‘ in mehreren Städten mit einem Soloprogramm auf ... ‚Daß es nie zu Ende ist, das finde ich wunderbar‘, kommentiert Lotti Huber ihre Schlußszene in dem Film, den sie mit Ende Sechzig gemeinsam mit Rosa von Praunheim gedreht hat. Dieser hatte sie im Presseheft zum Film so vorgestellt: ‚Also eine ganz Verrückte, sage ich Ihnen. Spontan, lebenslustig, eine Tänzerin. Ist Jüdin, war im KZ, dann in Palästina. In Zypern hat sie ein Lokal. Es war ein exzentrischer Punkt der Insel. Tanzt, schreibt und sagt die Zukunft voraus ...'"

„Nicht grau, nicht leise, nicht unauffällig: Für ihr Publikum ist Lotti Huber weit mehr als eine Schauspielerin. Sie verkörpert ein Lebensprinzip, das offenbar den Wünschen moderner Menschen entgegenkommt: die unwürdige Greisin ..." („Der Spiegel" 49/90 und „Die Zeit" vom 22. 4. 88).

Das Lebensprinzip „unwürdige Greisin" scheint weitere Kreise zu ziehen: Im Kino sind alte Damen groß im Kommen, und es ist abzusehen, daß sie eine Einstellungsänderung auf Dauer bewirken werden – denn mausgrau treten sie alle nicht auf:

Kino-Frühling für alte Damen

„‚Miss Daisy und ihr Chauffeur' brausen seit Wochen erfolgreich durch deutsche Kinos. Nun bekommt *Jessica Tandy, 80,* Konkurrenz durch eine andere unwiderstehlich eigensinnige Greisin: die große britische Bühnendarstellerin Peggy Ashcroft, 82, die als ‚Unwürdige Frau' den Schauspielerpreis in Venedig gewann ... Der Film erzählt von Lilian, die als rebellischer Teenager ins Irrenhaus gesteckt worden war und nun, nach sechzig Anstaltsjahren, in die Freiheit heimkehren darf. Wie ihr anarchischer Eigensinn wieder erwacht und siegt, ist wunderbar: Peggy Ashcroft erblüht noch einmal zum jungen Wildfang" (aus: „Der Spiegel" 21/90).

„Sexualität im Alter gilt allgemein als anstößig, erst recht, wenn sich die ältere und alte Frau als sexuelles Wesen begreift. Dann läuft sie Gefahr, als unnormal, lächerlich, unästhetisch bloßgestellt zu werden. Hat sie sich während ihres Lebens als Ehefrau und Mutter begriffen, d. h. ihre Sexualität in den Dienst der Fortpflanzung gestellt, erlischt auch ihr sexuelles Begehren mit Beginn der Menopause: Sie erlebt sich als asexuelles Wesen, als Matrone, fern von jeglichem Verlangen nach körperlicher Liebe" (aus: Kleines Weiberlexikon). Dieser verbreiteten Ansicht tritt eine alte Holländerin vehement entgegen:

„Mit extravaganten bunten Kondomen auf den runzligen Fingern" ...

... wirbt die 83jährige Keetje Ruizeveld für Sex im Alter. „In den Niederlanden ist Keetje inzwischen eine kleine Berühmtheit geworden. Ihre markante Stimme kennt man aus dem Radio, ihr Gesicht aus dem Fernsehen und aus Zeitungen und Zeitschriften. In Interviews setzt sie sich dafür ein, daß ‚der alte Mensch sein eigenes Geschlechtsleben führen darf und kann'. Sie redet locker über ‚Safer Sex im Altenheim' und warnt die Senioren, sich von Prostituierten finanziell ausnehmen zu lassen. In der Altenzeitschrift ‚Leef-Tijd' (Lebenszeit) hat sie eine feste Rubrik, außerdem schreibt sie für Tageszeitungen. Ein Buch von ihr trägt den Titel: ‚Zu alt? Biste meschugge?'

Mit geradezu missionarischem Eifer hält die ‚prominenteste, modernste und mündigste alte Dame der Nation', so die Tageszeitung ‚Trouw', Vorträge in Altenheimen und Universitäten, spricht bei Ärztekongressen und unterrichtet Pflegepersonal über ‚Liebe im hohen Alter' und ‚Lust und Depression'.

Keetje ist nicht durch Zufall an das brisante Thema Sex im Alter gekommen: ‚Drei Jahre lang mußte sie, und mit ihr viele andere internierte niederländische Hausfrauen, im wahrsten Sinne ums nackte Überleben kämpfen. Keetje wurde im Zweiten Weltkrieg aus dem Gefangenenlager weggelockt ... Die japanischen Besatzer steckten sie in ein Bordell, um dort Offiziere zu ‚bedienen'. Wer nicht parierte, wurde getötet." Heute kann sie über diese Vergangenheit frei sprechen – und sie setzt diese (und ihr Alter) wirksam dafür ein, „daß der alte Mensch über sich und sein Intimleben entscheiden darf, egal, ob er noch in den eigenen vier Wänden oder im Altenheim lebt ..." (Bericht aus dem „Stern").

Davon, wie Frauen alt zu werden haben, haben wir vermutlich alle unser Bild im Hinterkopf. Mit dem Pfarrer ins Kino zu gehen ist noch harmlos; knallrote Hüte, Sex und Kondome gehören sicher nicht mehr dazu!

Zu welchem Zeitpunkt sich das unwürdige vom würdigen Alter scheidet, ist nicht auszumachen. Es scheint eine schleichende Angelegenheit zu sein, deren Nahen sich nur durch kleine Anzeichen hier und da zu erkennen gibt.

Als ich vierzig wurde, rief meine Mutter an, um mir ins Gewissen zu reden, daß meine Frisur nun wirklich nicht mehr meinem Alter entspräche, und im vergangenen Jahr weigerte sich mein Sohn vehement, mit mir zur Schulweihnachtsfeier zu gehen, wenn ich nicht umgehend den roten Pullover auszöge („in deinem Alter!").

Ich will nicht „würdig" alt werden – das wäre mir viel zu langweilig, und die „Mode für die reife Frau" wird selbst in zwanzig Jahren für mich noch nicht tragbar sein!

Auch meine Freizeitgestaltung stelle ich mir etwas spannender vor – aber wenn der Pfarrer will, darf er gerne mit ins Kino, am liebsten in den Krimi! Auch mit Neunundsiebzig will ich noch zur Sause auf meine Lieblingsinsel fahren, mit Elfriede einen Sekt am Strand trinken und mit Anna bei Gewitter in einer Strandburg des Nachts die Probleme des Lebens im allgemeinen und besonderen diskutieren!

Mir scheint, daß diejenige, die mit Spaß alt werden will, über alle Schatten der Konvention springen und Freude an der Provokation haben muß! Ich übe sie gelegentlich wieder – die mir schon als Schülerin stets schlechtere Betragsnoten eintrug als unbedingt nötig. Gelegenheiten bieten sich dazu viele: Man muß sie im Alltag nur ausmachen, damit man im Kleinen üben kann, was im Großen dann gelingen muß!

Durchgefroren und maulig matsche ich mit meinem Einkauf durch tauenden Schnee, auf den es auch noch von oben eintröpfelt. Ich freue mich auf einen Cappuccino bei meinem

Lieblingsitaliener. An der Glastür erstarre ich: Aus meiner gemütlichen Pizzeria ist ein Yuppie-Inn geworden: alles Glas und Spiegel, strenge Formen und Linien und das Publikum entsprechend: hochgestylte Jungunternehmer und Alt-Schüler, gelangweilt im italienischen Gemüse stochernd mit lebensmüdem Blick, ganz in Schwarz, Kragen hochgestellt, weißer Seidenschal – und von einer Arroganz, die Funken sprüht.

Dort reingehen? *Da paß' ich doch gar nicht mehr hin!* Aber ich will meinen Cappuccino! Egal, auch wenn ich aussehe wie eine Marktfrau. Und so betrete ich das Edeletablissement mit drei Einkaufsbeuteln aus der Öko-Szene, unterm linken Arm zehn Rollen Klopapier in Klarsichtfolie, unterm rechten Holzstreu für die glückliche Katze. Die Augen werden groß und rund bei meinem Anblick (sie haben ja so recht!), und am liebsten würden sie von mir abrücken, wenn es nicht so eng wäre. Ich merke so richtig, wie es mir Spaß macht, plaziere meine Papierrollen gut sichtbar auf dem gestylten Schirmständer und wühle mich zur Theke durch. Der Cappuccino kostet auch plötzlich das Doppelte – aber was zahlt man/frau nicht alles für den Anblick der schmucken Nachfolgegeneration!? Die Szene beruhigt sich langsam, als ich auf meinen Hochbeinhokker zurückkehre.

Provokation und die Überwindung der Schwellenangst gehören schon dazu, wenn man sein Leben nicht nur in vorgegebenen Schienen leben will. Wenn wir stets dulden (und mitmachen!), daß sich die Gesellschaft fein säuberlich in ihre einzelnen Untergruppen, Geschlechter, Typen, Trendsetter, Berufe und Gehaltsstufen unterteilt, brauchen wir uns nicht zu beklagen, wenn wir immer nur unteresgleichen sind und uns langweilen.

Mein Cappuccino-Viertelstündchen endet mit einem Gag: Einer der Jung-Gestylten versucht sich am Nebentisch mit Rechenaufgaben. Dabei stöhnt und schnaubt er, was zu seinem Outfit nun gar nicht paßt. Als er mich versehentlich anstößt und sich entschuldigt, frage ich: „Na, Probleme?" Und er schiebt mir wortlos sein Papier rüber. Ich falle fast vom Hokker: Dreisatz! Der total coole Typ mit zur Schau getragenem

Lebensüberdruß plagt sich mit Mathe der achten Klasse. „Wohl damals nicht aufgepaßt, was?" frage ich ihn und zeige ihm dann, wie's geht ... Generationenverständigung!

Provokation heißt „Herausforderung". Fordern wir doch unsere Mitmenschen heraus, uns wahrzunehmen – auch und gerade wenn sie einer anderen Generation und einer neuen Stilform angehören. Die Alternative hieße Beschränkung und Einschränkung – und Verunsicherung von Jahr zu Jahr mehr! Wenn ich erst alljährlich überprüfen muß, wo ich noch hin passe oder welche Örtlichkeiten sich über mich hinweg entwickelt haben, kann ich gleich zu Hause bleiben – so wie eine „alleinerziehende" Mutter, die ich kürzlich in einer Frauengruppe erlebte und die erzählte, sie habe seit ihrer Scheidung vor zwölf Jahren noch nie allein ein Café oder Restaurant betreten – das könne man als Frau doch nicht machen.

Provokation ist nicht Attacke. Sie tut niemandem weh – sie fordert und macht aufmerksam. Sie läßt innehalten mit der Frage, was stört mich jetzt und hier eigentlich? Und sie macht Spaß!

Spaß macht es auch ein paar alten Sünderinnen, ein wenig wider den Stachel zu locken – per Strafgesetzbuch oder wenigstens Straßenverkehrsordnung. Schließlich ist man alt – und da man dann als geistig leicht lädiert gilt, kann man seine kleinen Verstöße auch (fast) folgenfrei genießen. Denken sie!

Alte Sünderinnen – oder: „Ein bißchen Narrenfreiheit – schließlich bin ich 'ne alte Frau!"

Es war kein Fotoapparat (aber etwas Ähnliches), und sie hieß nicht Marie (sondern ganz anders) – aber für den Fall, daß eine Staatsanwältin auf der Suche nach sinnvollem Altwerden dieses Buch in die Hand nimmt, muß ich die Spuren der verruchten Tat verwischen!

Marie (Anfang Siebzig) hatte mich eingeladen, auf der Durchreise bei ihr zu übernachten, schließlich hätten wir uns sechs Monate nicht gesehen und sechs Tage nicht gesprochen.

Bei ihr angekommen, finde ich nicht nur einen reich gedeckten Tisch, sondern auch eine neue Kleinbildkamera vor, die sie mir stolz vorführt. Dann folgt die dazugehörige Kriminalstory: Der alte Apparat hatte es nicht mehr so recht gemacht, Reparatur war zu teuer, und so ging Marie in den Fachhandel und wollte eben dasselbe Modell wieder erstehen, weil sie sich über all die Jahre schon so daran gewöhnt hatte. Damit es auch wirklich identisch sei, nahm sie das alte mit. Der Verkäufer bedauerte, das Modell sei ausgelaufen. Daraufhin blickte Marie sich um und entdeckte eben dieses begehrte Objekt in einer Glasvitrine. Das sei aber nicht verkäuflich, ließ der junge Mann wissen, in dieser Vitrine stünden sozusagen nur Ausstellungsstücke.

Ob diese Kamera denn noch funktioniere? Aber gewiß doch, das sei eine Originalkamera, ungebraucht und voll funktionsfähig – aber eben als letztes Stück nicht mehr verkäuflich. Marie bot allen Charme auf, aber der Verkäufer zeigte sich immun gegenüber den Reizen einer reizenden alten Dame. Vermutlich, um ihr einen Gefallen zu tun oder um sie zu überzeugen, daß er sein Bestes tue, auch wenn das denn nicht genug sei, ging er ins Lager, um nachzusehen, ob nicht vielleicht doch noch ein Exemplar vorhanden wäre. Für Marie schlug damit die Stunde der Entfaltung krimineller Energie. Sie nahm blitzschnell ihre alte Kamera aus dem Etui, tauschte sie gegen die neue aus der Vitrine um, steckte diese in die eigene Phototasche und sah dem jungen Verkäufer erwartungsvoll entgegen, der achselzuckend und mit tiefstem Bedauern aus den Tiefen des Lagers auftauchte und sie „leider enttäuschen" mußte. Um den Schein zu wahren, bohrte Marie noch ein wenig weiter und nervte, um dann zutiefst enttäuscht den Laden zu verlassen ...

Unrechtsbewußtsein hatte Marie überhaupt nicht! Schließlich habe sie ja *kaufen* wollen und hätte das Ausstellungsstück auch ganz korrekt und selbstverständlich bezahlt, wenn man sie nur gelassen hätte. Außerdem tauge ein nicht mehr ganz funktionsfähiger Apparat als Ausstellungsstück ebenso wie ein fabrikneuer. Niemandem würde er in Zukunft verkauft werden – sonst hätte man ihn ja ebenso ihr verkaufen können –, also schädige sie mit ihrem Tun weder einen Käufer noch den Händler!

„Und wenn sie dich erwischt hätten?" – „Ach weißt du, ich bin doch eine alte Frau! Und alte Frauen wissen nicht immer, was sie tun! Durchblutungsstörungen und so – das weiß doch jeder. Ich hätte in diesem Fall den Apparat ja auch sofort zurückgegeben. Und glaub mir – so weit reichen meine Fähigkeiten noch aus, daß ich denen glatt die verwirrte Alte hingelegt hätte, die nicht mehr richtig im Koppe ist!"

„Ein bißchen Narrenfreiheit" hat sich auch Ilse (79) ausbedungen: Sie fährt mit Begeisterung „schwarz". Die Gefahr, erwischt zu werden, schätzt sie gering ein. Für Kontrolleure habe man doch zuwenig Geld. Einmal wurde sie bisher ertappt – da hat sie, ohne mit der Wimper zu zucken, die 40,- DM Buße gezahlt. „Das kam mich billiger, als wenn ich immer zahlen müßte", resümierte sie. Aber ihr geht es gar nicht ums Geld – es geht ihr (wie vielen „schwarzfahrenden" Jugendlichen!) um den Sport, den Witz, den Reiz, den Kitzel!

Aus dem Alter und dem (schlechten!) Ruf der Alten Gewinn schlagen: („Wenn wir Alten schon als tüdelig gelten, können wir zu unserem Vorteil mal demonstrieren, daß wir das auch sind") mag das Denken sein, begleitet von dem Gefühl, relativ geschützt durch den Status „tüdelige Alte", den Autoritäten ein Schnippchen zu schlagen!

Das geht oft lange (oder immer) „gut" – aber ein Altentrick fiel vor kurzem doch mal auf: Eine Rentnerin fuhr Bus und Straßenbahn grundsätzlich mit mehreren Dutzend älteren abgestempelten Fahrkarten, die sie sich in den Wagen auflas. Wurde tatsächlich einmal kontrolliert, begann sie scheinbar hektisch und „ganz irritiert" in der Sammlung zu wühlen, um dann den Kontrolleuren das eine oder andere längst nicht mehr gültige Billett hinzuhalten. Die verlangten dann jeweils das gültige, woraufhin ein erneutes Kramen anhob. Den Kontrolleuren wurde das (entsprechend der Kalkulation der alten Dame) schnell zu zeitaufwendig, und sie sagten: „Ach laß man, Oma, das dauert alles viel zu lange!" Woraufhin die alte Dame schüchtern und dankbar lächelte und ein paar unverständliche Worte murmelte.

Eines Tages aber schnappte die Falle zu: Da hatten sich Kontrolleure miteinander ausgetauscht und festgestellt, daß noch fast jeder dieser Schwarzfahrerin bis dato auf den Leim gegangen war – und so wurde „Oma" also zu einer saftigen Geldstrafe verknackt – ersatzweise Haft! Eigentlich hat es mich ein bißchen erstaunt, daß „Oma" gezahlt hat! Es wäre ihr durchaus zuzutrauen gewesen, daß sie des Nervenkitzels wegen auch noch für ein paar Tage in den Bau gegangen wäre – endlich mal „action", endlich mal „was los"! (Aber spätestens da bricht dann wohl doch die alte preußische Erziehung durch!)

„Ein Schnippchen schlagen" scheint bei manchen geradezu zum Altensport zu gehören. Ich will gar nicht verhehlen, daß diesen krekelen, phantasiereichen 70- bis 90jährigen durchaus ein bißchen meine Sympathie gehört. Sie haben in ihrem ganzen Leben so viel Betrug, Korruption, Steuerschwindel, Mietskandale, Kriegsgewinnlereien und Asoziales von „oben" erlebt, bei dem die Schäden in die Millionen gingen, jedoch niemand nach Sanktionen schrie. Sie haben ein Übermaß an Verordnungen, Gesetzen (samt ihren Änderungen ins Gegenteil!) und Zwängen erlebt, daß sie sich einmal in ihrem Leben ein winzig kleines Ventil schaffen wollen im Schutze ihres hohen Alters. Ein bißchen wider den Stachel löcken, ein bißchen Leben ins Leben bringen, ein bißchen „action", das den müden Adrenalinspiegel hebt und winzige Erfolgserlebnisse zeitigt („Nun zeig' ich denen es aber auch mal!").

Auf derselben Ebene liegen die „Widerstände gegen die Staatsgewalt", deren sich Frau C. (84) mit Genugtuung befleißigt. Ist ein Polizeibeamter in der Nähe, überquert sie grundsätzlich die Fahrbahn bei Rot oder 100 Meter entfernt vom nächsten Zebrastreifen. Die Lebensgefahr schätzt sie geringer ein als den Spaß, den sie dabei hat, wenn der Beamte ihr dann mit dem Finger droht, sie von der Straße zu ziehen versucht (meist zieht sie ihn dann!) oder sie streng ermahnt. „Manche sehr jungen Beamten sind dann auch sehr besorgt um mich. Die sagen dann: ‚Aber Oma, das geht doch nicht! Haben Sie die rote Ampel denn nicht gesehen? Das ist doch viel zu gefährlich!' Und dann tu' ich ganz verwirrt und so, als ob ich noch nie im Leben etwas von roten Ampeln gehört hätte. Ganz tumb stell' ich mich dann. Soll so ein junger Kerl sich doch ruhig mal ein bißchen um mich sorgen. Die Älteren, die werden ja immer giftig und sagen auch schon mal, daß wir Alten eingesperrt gehören, wenn wir uns im Straßenverkehr nicht richtig verhalten. Aber die Jungen … Dem einen habe ich mal gesagt – den mochte ich so, und mit dem wollte ich noch ein bißchen plauschen – dem hab' ich also gesagt, er sähe so meinem Enkel ähnlich, der leider nach Kanada ausgewandert sei und nach dem ich mich so sehne. Da wurde er ganz weich und hat mich untergefaßt und mit mir geredet. Dabei habe ich doch gar keinen Enkel in Kanada, und außerdem ist mein Enkel nicht so nett und hakt mich mal unter!'

Entschieden weniger harmlos und gar nicht mehr liebenswert – aber offenbar doch noch voller „Taten"-Drang im wahrsten Sinne des Wortes! – zeigte sich 1961 die 82jährige Martha James. Sie erlangte einige Berühmtheit, weil sie die älteste Frau war, die je in Liverpool verurteilt wurde:

„Die alte Dame hatte sich als Fürsorgerin ausgegeben und so Zutritt in die Wohnungen alter Leute erhalten. Während die Wohnungsinhaberinnen Tee kochten, raubte sie in Gemütsruhe Schubladen und Geldbörsen aus. Man konnte ihr 35 derartige Diebstähle nachweisen" (nach: Verbrecher von A–Z, 1966).

Martha James bekam dafür fünf Jahre Haft. Ob sie die komplett absitzen mußte, ging aus den Informationen nicht hervor. Das ist zwar nicht besonders ruhmvoll und auch nicht unbedingt zur Nachahmung im Alter zu empfehlen, zeigt doch aber, wie munter manche Frauen in diesem Alter noch ihr Leben zu gestalten wissen. Martha steckte nicht nur voller Energie, sondern voller „krimineller Energie", wie Kriminalisten geplante, trickreiche und öfter wiederholte Aktivitäten dieser Art mit dem dahinterstehenden Antrieb nennen!

Spurensuche

„Auf der Spurensuche nach dem Bild der älteren und alten Frau in Film, Fernsehen, Rundfunk, Literatur, Märchen, Sagen, Lesebüchern, Illustrierten, Zeitungen, Werbung findet frau die unterschiedlichsten Darstellungen: in Sagen und Märchen wird die alte Frau als Sozial-Leiche abgestempelt, als Xanthippe, bösartig und männerhassend, als Hexe, abgesondert im Wald lebend, durch Heimtücke, Häßlichkeit und Wertlosigkeit gebrandmarkt. In Lesebüchern ist sie gebrechlich, hilflos, mitleiderregend; in Film und Fernsehen ist sie entweder die gepflegte, kosmetikbewußte, mit Silberlöckchen und Rüschenkleid strahlende Oma, die ihren liebreizenden Enkelchen Märchen erzählt, sie mit Süßigkeiten aus Liebe (!) vollstopft oder sich um deren Gesundheit besorgt zeigt, oder – ganz anders – die Arme im Altenheim, von den Kindern abgeschoben, einsam und verlassen, in Not und Elend lebend; in der Werbung ist sie auf Medikamente angewiesen, wirbt für Zahnprothesen und deren Reinigung, oder sie macht Reklame als Frau Saubermann für das gepflegte Zuhause, besserwisserisch und der Schwiegertochter ein schlechtes Gewissen verursachend. Die normale ältere Frau ist – abgesehen von guten Reportagen oder Dokumentationen – unsichtbar" (aus: Kleines Weiberlexikon).

Die „normale" alte Frau habe ich auch nicht gefunden. Sie waren (fast) alle so faszinierend unnormal, so unerwartet un-alt, so lebendig, neu-gierig, spritzig, klug, aktiv! Es waren Frauen, die gegen alle Erwartungen leben – und ich habe nicht erst nach ihnen suchen müssen.

Was gibt ihnen nur so viel Kraft, habe ich oft überlegt – und dann habe ich mich wiederum gefragt, ob diese Überlegung nicht allein schon ein Vorurteil ist!? Warum ist es so erstaunlich, daß alte Frauen kraftvoll leben? Warum sollten sie die Kraft im Laufe des Lebens verloren haben?

Eines hatten „meine" alten Frauen gemeinsam: Keine von ihnen hatte das, was man ein „leichtes Leben" nennt. Da fand sich kein Schonraum, der von vornherein ein glückliches Altern sicherte! Diese Generation hat zum Teil noch den Ersten Weltkrieg – auf alle Fälle jedoch seine Folgen – miterlebt. Das Kindesalter war bei jeder entbehrungsreich: viele Geschwister (drei bis zwölf!), die Arbeitslosigkeit des Vaters aufgrund der Weltwirtschaftskrise, Armut, beengte Wohnverhältnisse, Inflation, auch Hunger ... Als sie ins heiratsfähige Alter kamen, gab es gerade den politischen Umschwung, dann den nächsten Krieg mit Verlusten der Verlobten, Männer, Brüder, Väter. Dann wieder eine Nachkriegszeit – allein mit Kleinkindern, der Mann gefallen oder in Gefangenschaft oder noch vermißt, Hunger, Verarmung, Flucht, Neubeginn unter schwierigsten Bedingungen ... Diejenigen, die es überlebt haben, scheinen aus dem Inferno dieses Jahrhunderts gestählt hervorgegangen zu sein (den Gebrochenen begegnen wir vermutlich im Alltag nicht mehr!?).

„Ja, die Alten", haben manche Frauen meines Alters gesagt, wenn ich deren Aktivitäten und Lebensführung in Gesprächen hervorhob. „Das ist ja auch eine ganz andere Generation – was die schon alles erlebt haben!"

Betrachte ich meine Generation, so haben wir in dieser Beziehung auch schon einiges aufzuweisen: Bombennächte, Flucht, Verwaisung ... wie unsere Vorfahren. Auf einen weiteren Weltkrieg sollten wir lieber nicht warten, nur damit wir kraftvoller unser hohes Alter gestalten können! Vielleicht sollten wir versuchen, mehr Kraft und Initiative aus unserem Wohlergehen zu schöpfen und nicht auf die kalten Duschen zwecks Abhärtung zu warten!

„Du hast aber nichts geschrieben von meiner eigentlichen Lebensleistung", kritisierte Anna meine kurzen Aufzeichnungen über ihre Aktivitäten. „Ich habe meine Kinder allein großgezogen, mein Mann hat nichts mehr getan. Ich habe mir meine Berufe fast aus dem Nichts aufgebaut. Aber ich bin kein typischer Fall für dich: ich habe meinen Beruf über alles geliebt, und ich habe auch gut verdient. Und ich habe viele Chancen mehr gehabt als andere, weil ich immer Schichtdienst gemacht habe. (Wie unterschiedlich man doch Fakten sehen und bewerten kann! Schichtdienst ist für andere der belastende Faktor schlechthin!). Ich habe mein Alter nicht gezielt aufgebaut. Als ich gerade aufhören mußte, kam ich erst mal ins Krankenhaus: Krebs. Und dann habe ich auch ziemlich bald die Enkel mitbetreut, als meine Kinder selber noch in den Ausbildungen waren ..."

Nein, es gibt keinen Grund, eine „meiner" alten Frauen mit Neid zu betrachten und zu sagen: „Ja, wenn ich so ..., dann könnte ich auch ...!" Martha hat nach der Krebserkrankung ihres Mannes Brot auf dem Wochenmarkt verkauft, um ihm ein wenig Zusatzverpflegung kaufen zu können. Als er starb, bekam sie 200,– DM Rente. Nach fünfundzwanzig Jahren – als sie dann starb – waren es immerhin schon 800,– DM, von denen die Wohnung 395,– DM auffraß. Bis 69 arbeitete sie – voller Freude – für eine Monatskarte und eine „Aufwandsentschädigung" bei einem Arzt im Büro. Maschineschreiben nach Diktat hatte sie mit 54 gelernt.

Dora ließ sich auf Wunsch ihres Mannes kurz vor Kriegsbeginn scheiden, damit sie als Frau eines Kommunisten nicht auch inhaftiert würde. Sie lebte in tiefer Armut, zog ihren Sohn allein auf und heiratete ihren kranken Mann im Sommer 1945 erneut, als er aus dem KZ kam. Dennoch sorgte sie in allen Jahren für andere Kinder (ihr einziger Besitz war ein großer Garten), ohne einen Pfennig Geld zu nehmen.

Ursula zog nach dem Krieg drei Kinder allein auf. Der Mann galt bis 1950 vermißt, dann wurde er für tot erklärt. Drei Kinder und Beruf haben sie oft nahe an die Grenze gebracht. Ich habe sie nach einem Interview mit einer 48jährigen gefragt, ob sie auch je daran gedacht hätte, sich mit Siebzig zu erschießen. Sie brach in Gelächter aus: „Mit Siebzig? Da hat mein Arzt mir gerade die Diagnose Krebs eröffnet. Da dachte ich an alles andere, nur nicht ans Sterben! Da hatte ich gerade das erste Mal in meinem Leben eine Wohnung ganz für mich allein bezogen! Von der hab' ich 60 Jahre lang geträumt. Mit Siebzig erschießt man sich nicht. Wenn man unbedingt sterben will, legt man sich hin und wartet. Aber mit Achtundvierzig hab' ich auch nicht daran gedacht. Da war meine Sorge: Wie krieg' ich meine Kinder groß, und kurz darauf war mein erster Enkel unterwegs."

Armut, Verwitwung, ungewollte Scheidung, Tod eines Kindes, Arbeitslosigkeit, Krebserkrankung ... waren die Lebensstationen dieser Frauen – oder auch die kriegsbedingte und unfreiwillige Partner- und Kinderlosigkeit.

Was mir an allen alten Frauen (im Gegensatz zu den mittelalten!) auffiel, waren: Disziplin, Pünktlichkeit, Abstand zu sich selber und den Wehwehchen („Man muß sich selber nicht so furchtbar ernst nehmen!"). Sie waren unsentimental – aber voller Gefühl. Sie waren kontaktbereit – aber nie aufdringlich. Von vereinbarten Terminen ließen sie sich weder durch Bauchgrimmen noch durch Glatteis abbringen. Und sie alle hatten Sinn für Begegnungen, für Zufälle und lebten nach dem Motto: „Alles, was dir begegnet, ist gewollt. Nimm es und gestalte damit dein Leben!"

4. „Alter kann man nicht nur planen – man muß es!"

„Pläne machen setzt Gelassenheit voraus ..."

„Wer von Ängsten geplagt ist, kann nicht gut planen ..."

„Wie soll ich mich mit der Zukunft belasten, wo doch die Gegenwart schon so schwer zu leben ist?"

„Bevor sich Pläne vortragen lassen, muß der Blick aufs Zukünftige freigelegt werden."

Diese Sätze stammen aus einer alten Studie über 20jährige und ihre Zukunftsvorstellungen. Genauso oder ähnlich – dachte ich, als ich sie las – haben meine mittelalten befragten Frauen auf meine Frage nach ihren Zukunftsvorstellungen und -plänen reagiert – und dann fiel mir ein, daß es sich um die gleiche Generation handelt, die jetzt 25 bis 30 Jahre älter geworden ist und offenbar noch immer die gleichen Nöte hat.

Was geschieht, wenn Frauen mittleren Alters heute „den Blick aufs Zukünftige" richten? Was sehen sie, was nehmen sie in der gesellschaftlichen Diskussion wahr? Das Alter – das verschmähte, verpönte; das Alter, das nur Leiden und Einsamkeit bringt; das Alter, das möglicherweise ungesichert sein wird ... Von alten Menschen redet niemand mit Hochachtung, keiner lobt diese Lebensphase – und die, die ihr ganzes Berufsleben über auf den Ruhestand warten, fallen – kaum ist er eingetreten – in ein großes schwarzes Loch!

So gesehen, ist es nicht verwunderlich, wenn die Gelassenheit zum Planen fehlt. Die Angst überdeckt alles. Wer sich in einer akuten Krise befindet, kann der Zukunft nichts abgewinnen, weil er keine Zukunft sieht. Und wenn er sie sieht, dann kann er sich nicht vorstellen, daß diese auch nur einen Deut besser werden könnte als die Gegenwart. Wäre das nicht so, befände dieser Mensch sich nicht in einer Krise!

Ist Leben, ist Alter planbar?

Ich habe fast alle meine Gesprächsparterinnen dazu befragt, und es war keine dabei, die sich darüber noch nicht Gedanken gemacht hatte. Die Antworten waren eindeutig: Je jünger, um so mehr tendierten sie zum *Nein*. Je älter, um so mehr lauteten sie *Ja!* „Ja, man kann Alter planen! Man kann es nicht nur, man *muß* es sogar!"

Wenn die „Jungen" sagten: „Es kommt ja doch alles anders, als man plant!", dann antworteten die „Alten": „Das *kann* natürlich vorkommen, *muß* aber nicht!"

Manche Unwegsamkeiten seien nicht einzukalkulieren und nicht alles im Leben sei abzusichern – und natürlich wisse niemand, wie die nächsten 30–40 Jahre verlaufen werden – aber mit einem bißchen Vertrauen in sich selbst und in die Zukunft müsse man schon gehen!

Eben dieses Vertrauen scheint meiner Generation zu fehlen. Aus Angst vor allem, was da kommen könnte, aus der Besorgnis, daß dann doch alles umsonst gewesen ist, verharren wir. Und kaum eine ist dabei, die *nicht* auf die Ereignisse des Zweiten Weltkrieges hinweist, den meine Generation nicht mehr bewußt miterlebt, unter dessen Folgen sie in der frühen Kindheit aber um so nachhaltiger gelitten hat.

Ich erinnere mich beim Thema Lebensplanung immer all der Erzählungen meiner Mutter, all ihrer Zukunftspläne – und all der Scherben, die zurückblieben. Sechs Kinder waren geplant (von der Mutter jedenfalls, dem Vater hätten vier genügt!), bei zweien blieb es dann, weil der Vater erst im Krieg war und dann unheilbar krank nach Hause zurückkehrte. Ein Grundstück war gekauft und gleich nach dem (vermuteten) „Blitzkrieg" sollte mit dem schon zugeteilten Bausparvertrag gebaut werden. Das Haus entstand nie, und das Grundstück liegt heute weit, weit im Osten. Der bezahlte und abholbereite VW verwandelte sich, noch bevor er anrollte, in ein graugrünes Melderfahrzeug. Der „Gutschein" für später war nur noch Altpapier.

Von der Wohnungseinrichtung, dem Schmuck, der Fotoausrüstung, dem Kinderspielzeug blieb nichts anderes übrig als ein prall gefüllter Rucksack mit Kinderkleidung und Windeln auf dem Rücken der Mutter und an jeder Hand ein kleines Kind. Der großväterliche Mittelbetrieb warf in den fünfziger Jahren via Lastenausgleich pro Erben gerade noch 800,– DM ab. Die Zusatzrente war zum Taschengeld zusammengeschmolzen, und die Witwenrente lag unter dem Sozialhilfesatz. So war acht Jahre nach Familiengründung von allen Träumen und Plänen nichts mehr übrig – außer einem Leben in einer zugigen Baracke ohne Licht und Wasser. Als dann noch zwei der vier Familienmitglieder an den Kriegsfolgen starben, hatte sich jede Planung ohne eigenes Zutun ad absurdum geführt ...

Vielleicht ist es meine Generation, die diese Ängste und Unsicherheiten mit der Muttermilch eingesogen hat: den allnächtlichen Fliegeralarm, die Bombenangriffe, die Kellernächte mit Verängstigten, Verwundeten, Toten; die zerbombten Häuser, Straßenzüge, Städte; die Flucht Anfang 1945 über vereiste Straßen, während die Tiefflieger die Flüchtlingsströme angriffen. Der Neubeginn mit allen nur erdenklichen Strapazen: Hunger, Schmutz, Armut, Krankheiten, Arbeitslosigkeit, Diskriminierung, verstörten Eltern ...

Vielleicht fehlt meiner Generation – den Jahrgängen 1940–1946 – das Urvertrauen, die Grundüberzeugung, daß „es" schon gutgehen wird!? Unsere Risikobereitschaft und unser Mut zum Abenteuer sind bereits in den ersten fünf Lebensjahren bis zur Neige gelebt und ausgeschöpft. Jetzt brauchen wir Sicherheit – eine Sicherheit, der wir aber nie so ganz trauen können, die wir uns jedoch selber schaffen müssen!

Wenn auf diese Grunderfahrung die Krise der Lebensmitte trifft, entsteht in ganz besonders scharfer Weise Angst, Ratlosigkeit und scheinbare Zukunftslosigkeit.

Aus dieser Krise führt nur ein Weg hinaus: die sehr bewußte und gewollte Auseinandersetzung. Nichts ist so schlimm wie die Verdrängung der Realitäten: „Seit sechs Jahren feiere ich meinen Geburtstag nicht mehr. Mein vierzigster war ein Schock für mich!" Auch mit der Ausbetonierung der Falten und der Einfärbung von Haut und Haaren, um sich und die Umwelt über das Alter zu täuschen, läßt sich fortschreitendes Alter nicht aufhalten, sondern nur leugnen.

An manchen Fragen kommen wir bei einer Auseinandersetzung nicht vorbei:
– Was bedeutet Altern für mich persönlich?
– Welche Vorstellungen verbinde ich für mein Leben damit?
– Wenn ich Alter erleben will – wie *wünsche* ich es mir, und welche Planungen kommen den Wünschen am nächsten?
– Was kann ich selber dazu beitragen, daß die Jahre von Fünfzig an aufwärts gelingen – in Beruf, Partnerschaft, Elternschaft, Familie, Freizeit, Hobby ...?

Die Alternative zu einem *geplanten* Altwerden ist entweder der vorzeitige Tod (wer will den schon!?) oder ein sich passiv ins Kommende Schicken – wobei „das Kommende" sicher nicht weiß, wie wir es denn gerne hätten!

Krise ist Chance, nicht Ende!

Krise ist ein Innehalten zu weiteren Überlegungen und Planungen.

Krise ermöglicht Kurskorrektur – welchen Weg bin ich bis hierher gekommen, und welchen will ich in Zukunft einschlagen?

Zwei Frauen sollen noch zu Wort kommen mit deutlichen Aussagen zu „Planbarkeit" von Leben. Eine berichtet aus der Rückwärtsperspektive – wie und wann sie hätte planen sollen, es aber nicht tat!

Die zweite hat geplant – aber nicht nur ihr Alter, sondern ihr ganzes Leben. Bei allem Imponieren – der Zug des Lebens fährt so langsam, daß man jederzeit noch aufspringen kann!

In dem Gespräch mit Frau Herrmann wird die ganze Tragweite der Thematik deutlich: „Ich hätte planen sollen, ich hätte es auch können ..."

„Mit Vierzig hätte ich den Sprung noch geschafft!"

„... mit Vierzig wurde ich das erstemal Großmutter – ganz gegen meinen Willen. Aber viel konnte ich dazu nicht sagen, ich hab' ja selber mit achtzehn Jahren geheiratet. Aber das war aus Liebe, nicht weil ein Kind unterwegs war. Unseren ersten haben wir erst nach drei Jahren Ehe bekommen.

Heute bin ich zweiundsiebzig und ich denke oft, wie es gewesen wäre, wenn ... Ich gehöre noch so richtig zu den Unterdrückten. Mein Mann hat nie was mit angefaßt. Er brachte das Geld – er hat immer sehr gut verdient –, und ich zog von Stadt zu Stadt hinter ihm her und kriegte die Kinder: fünf insgesamt.

Natürlich, da war so ein Sehnen nach mehr Freiheit. Ich wollte immer mal gerne ich selber sein – aber bei fünf Kindern ist man als Frau nur Mutter, Mutter, Mutter. Ja und Ehefrau – aber da ist man ja auch bald nur noch Mutter für den Mann, wenn die Zeit der Geliebten vorbei ist.

Das wurde bei uns sehr deutlich, als unser erstes Enkelkind geboren wurde. Wir sind gleichaltrig. Also mein Mann war auch vierzig. Ich war plötzlich Großmutter, und er war immer noch der flotte Hüpfer. Er hat dann immer überall erzählt: ‚Ich bin mit einer Großmutter verheiratet'. Das sollte wohl lustig sein, und es haben auch immer alle pflichtschuldigst gelacht. Aber dann hatte ich einmal auf einer Gesellschaft ganz bewußt gesagt: ‚Na ja, mein Mann ist nun ja auch schon eine ganze Weile Großvater ...' Da war was los! Erst mal hat ja niemand gelacht – gelacht wird immer nur auf Kosten von uns Frauen –, und dann hat er tagelang nicht mehr mit mir gesprochen! Ich hätte ihn bloßgestellt, und ich hätte ihn kränken wollen, und ich sollte mal den Spott im Dienst mit anhören – das kam dann monatelang jeden Tag. Das war eigentlich der Zeitpunkt, zu dem ich hätte aussteigen sollen. Ja, ich meine es so – richtig trennen und weggehen und mir was Neues aufbauen. Ich hab' Abitur, aber danach haben wir dann gleich geheiratet, und darauf hätte ich damals noch was aufbauen können. Mit Vierzig ... wenn ich das heute bedenke ...!

Die Idee dazu ist mir gekommen, als ich mir meine Schwiegertöchter angesehen habe bzw. die Freundinnen, die meine Söhne mit ins Haus brachten. Die waren alle sehr selbstbewußt, die haben alle gesagt: Liebe ja und später auch Kinder – aber erst meinen Beruf. Nichts Angefangenes, so viel Zeit muß sein. Aber diese jungen Frauen haben das hingekriegt. Ja, und da bin ich aufgewacht und habe gedacht: Ich auch! Warum nicht ich auch? Ich will auch noch was machen! Was für mich!

Woran es gescheitert ist? Na ja, die anderen Jungen waren jünger, der Kleinste erst elf – da geht man als Mutter nicht weg. Ich habe einen Denkfehler gemacht – nein, das ist falsch –, ich habe damals nur etwas nicht gewußt, was ich heute weiß: Die Alternative war nicht: Alles verlassen und neu anfangen, sondern neben der Ehe und Familie was für mich tun. Nur darauf bin ich damals nicht gekommen – es war ja auch vor dreißig Jahren nicht so im Gespräch wie heute: Zweite Lebensphase, Wiedereinstieg u. ä. *Das* wäre meine Lösung gewesen. Ich hätte *nebenbei* studieren sollen. Es hätte ja keine Eile gehabt, ob ich nun acht oder zwölf Semester gemacht hätte – aber ich bin nicht auf die Idee gekommen. Und so bin ich geblieben, und alles blieb beim alten.

Ob mein Mann das mit dem Studium mitgemacht hätte, weiß ich nicht. Es hätte viel Überzeugungsarbeit gekostet. Für ihn gehörte die Frau immer ins Haus, da gab es gar nichts! Finanziell wäre das ein Klacks gewesen, und wir hätten uns auch eine Haushaltshilfe leisten können. Aber wie gesagt: Diese Lösung war mir nicht eingefallen. Vielleicht auch, weil wir zu dieser Zeit damals in einer Kleinstadt in Schleswig-Holstein lebten. Ich hätte zum Studium nach Kiel oder nach Hamburg fahren müssen – aber eigentlich wäre das alles gegangen, (sie lacht): Nur mein Mann hätte das nicht belasten dürfen, natürlich! Also ich glaube, für ihn hätte sich nichts ändern dürfen: Essen pünktlich auf den Tisch, Haushalt in Ordnung, Kinder in Schuß, Schularbeiten beaufsichtigt ... Also wenn ich ihm das garantiert hätte – aber ich weiß nicht, vielleicht hätte er es auch schlankweg verboten.

Nein, mein Alter habe ich nicht geplant. Da war gar kein Raum für solche Überlegungen. Erst die Kinder, dann die Enkel, da wußten Außenstehende oft gar nicht, was nun Kind und was nun Enkel ist. Das ging bei uns durch die frühen Eheschließungen alles nahtlos ineinander über. Dann vier Umzüge in vierzehn Jahren wegen der Karriere meines Mannes. Kaum schien alles geordnet, ließ sich der älteste scheiden und so ging das bis zu den beiden Urenkeln, die wir ja nun schon haben, die kamen auch sehr früh. Alles sehr früh und alles sehr ungeplant. Ich habe nicht das Gefühl, daß ich mein Leben hab' treiben lassen – aber viel bestimmen konnte ich nicht. Also nicht so, wie man heute sagt: selbstbestimmtes Leben. Nein, das war es nicht! Es war zuviel vorgegeben, zuwenig planbar. Denken Sie nur ans Kinderkriegen. Da gab es noch keine Pille. Ich hätte sie bestimmt genommen. Zwei Kinder wären mir auch genug gewesen. Meinem Mann war das egal. Das Geld war da und hätte auch für noch mehr Kinder gereicht – und die Zeit? Nun, davon hat er für die Kinder sowieso nichts übrig gehabt. Da hieß es immer nur: ‚Seid ihr alle fertig? Sind die Kinder fertig? Warum seid ihr noch nicht fertig?' Also für ihn war das egal, ob zwei, fünf oder sieben Kinder (sie lacht etwas gequält).

Nein, ich will gewiß nicht klagen. Ich denke immer: es hätte schlimmer kommen können. Sehen Sie: Wir sind beide 72, wir sind gut beieinander, kaum daß man mal einen Schnupfen oder so was hat. Mein Mann hat eine sehr gute Rente und noch zwei Zusatzrenten, wir müssen auf nichts verzichten. Wir reisen in Ruhe, ich fahr auch selber noch Auto – das war das einzige, was ich mal für mich getan habe: den Führerschein. Mein Mann hat damals darauf bestanden (sie lacht wieder): Natürlich nicht meinetwegen. Ich sollte flexibler für die Kinder sein, sie hierher und dorthin fahren. Sonst hätte er es ja vielleicht mal machen müssen. Mein Mann ist sehr häuslich geworden, so daß ich immer wieder den Wagen nehmen kann. Er sagt immer nur: ‚Fahr man.' Ich liebe so den frühen Morgen, und als alte Frau brauch' ich ja auch nicht mehr so viel Schlaf. Da fahre ich manchmal schon morgens um sechs

Uhr ans Meer und laufe mit dem Hund. Und wenn ich dann um acht Uhr zurückkomme, bringe ich frische Brötchen mit, und mein Mann hat dann meist schon den Kaffee fertig und den Tisch gedeckt. Ja, das macht er heute! Er hat in den letzten Jahren viel bei unseren Kindern abgeguckt. Ich bin ja froh, daß er zu seinen Söhnen nie gesagt hat, dieses oder jenes sollten sie lassen, das sei keine Männersache. Nein, er hat immer ganz interessiert zugeguckt, und manchmal hat er sich amüsiert, wenn wir bei den Kindern zu Besuch waren und einer der Söhne gekocht hat. Und dann hat er mich immer von der Seite angesehen und gesagt: ‚Aber ich hab' früher doch auch vieles gemacht, nicht?' Aber da geb' ich ja kein Pardon. Da gehe ich nicht auf seine Stimmung ein, da sage ich das, was wahr ist: ‚Nein', sage ich, ‚du hast nichts gemacht. Gar nichts. Absolut nichts. Keinen Kaffee gekocht, keinen Mülleimer geleert, kein Kind gewickelt!' Er tut dann immer so, als ob das nicht wahr sei, aber ich muß ihm das so sagen, wie es war. Und so war es. Er war der Geldverdiener, und das reichte für ihn.

Nein, ich will nicht klagen. Wie viele Frauen in meinem Alter sind schon lange allein, und wie viele Frauen sind verlassen worden von ihren Männern. Wenn ich mir Frauen im Bekanntenkreis und in der Nachbarschaft ansehe: jede zweite bestimmt. Und dann haben sie ja auch gleich oft sehr viel weniger Geld. Nein, ich muß sagen, da war mein Mann auch fair: Er hat immer zu seiner Familie gehalten. Nicht, daß er nicht auch mal eine andere Frau hatte. Offiziell habe ich es nie gewußt. Er sprach nicht darüber. Aber man spürt das als Frau an so sehr vielen Kleinigkeiten und Einzelheiten. So um die Fünfzig, da brauchte er das wohl. Da hat er die Spitze in seinem Unternehmen erreicht, weiter konnte er nicht kommen. Und da brauchte er wohl die Bestätigung, daß es auf anderen Gebieten doch noch etwas für ihn gab. Das soll ja vielen Männern in diesem Alter so gehen. Aber mein Mann war anständig genug zu wissen, wo er hingehört und wo seine Pflichten liegen. Und so sind wir zusammen alt geworden und leben in Ruhe.

Aber wenn ich mein Leben im Rückwärtsgang betrachte: Nein, ich würde es heute anders machen! Alles hat gestimmt – aber die Jahre ab Vierzig, die hätten *mir* gehört! Mein Leben war wie ein Urwald – so vielfältig. Aber was mich anbelangte – da war in der Mitte des Urwaldes eine große Wüste! Da war nichts für mich!"

Frau Herrmann fehlte vor über dreißig Jahren mindestens zweierlei: der Mut, sich gegen ihren Mann durchzusetzen – sie versuchte es nicht einmal –, und das Wissen um alternative Lebensgestaltungsmöglichkeiten.

Frauen, die heute vor der Frage der Altersgestaltung stehen, haben ungleich bessere Chancen. Die Angebote sind unendlich größer, die „Frauendiskussion" läßt (fast) jedes Abweichen von der Ehefrau-und-Mutter-Norm zu. Es muß nur gewollt werden. Und wenn es gewollt wird, ist der nächste Schritt die Planung und der übernächste die Realisierung!

Die einzige Mittvierzigerin, die ich kennenlernte, die ihre Zukunft nicht passiv erwartet, sondern aktiv und langfristig geplant hat, war Heidemarie, eine 48jährige Ärztin. Sie scheint immer gewußt zu haben, was sie wollte – und sie hat es sich zielstrebig erarbeitet. Daß es auch in ihrem Leben tiefe Abstürze gab, bemerkt sie lediglich wie eine Randnote an.

„Alter planen? Ich habe mein Leben geplant!"

„... Ich habe ziemlich früh gewußt, was ich wollte, und das habe ich realisiert. Ich habe geplant im Rahmen der Realitäten, und meine Planungen sind bis heute aufgegangen. Ich nehme an, daß es auch in Zukunft so sein wird!

Mein Wunsch war ziemlich früh schon, Medizin zu studieren. Ich habe ein gutes Abitur gemacht; damals war Medizin noch nicht das absolute Einser-Studienfach wie vielfach in den letzten Jahren. Ich habe dann das Studium zügig durchgezogen, hatte mir allerdings von vornherein ein Überziehen um ein Semester eingeräumt.

Mit Fünfundzwanzig habe ich das erste Kind bekommen, mit knapp Siebenundzwanzig das zweite. Ja, das war auch so gewünscht; wenn Sie so wollen: geplant. Ich wollte zwei Kinder und diese möglichst in rascher Folge, damit sie zusammen aufwachsen und nicht als zwei Einzelkinder.

Natürlich steckte dahinter auch eine Portion Egoismus: mit zwei etwa gleichaltrigen Kindern ist man zunächst natürlich sehr stark konfrontiert – aber mit jedem Jahr bessert sich das, und man braucht durch das Miteinander der Kinder ab fünf, sechs Jahren sehr viel weniger Zeit und Engagement. Kinder brauchen ja gar nicht immer nur die alles umsorgende Mutter, die brauchen auch Freiheiten und Gleichaltrige.

Wir sind damals von der Kleinstadt aufs Land gezogen, als das zweite Kind unterwegs war. Wir wollten den Kindern ein möglichst freies Aufwachsen sichern. Wir haben auf dem Lande ein Reihenhaus gemietet, und die Kinder waren eigentlich nur draußen – kaum daß sie laufen konnten. Erst im Garten, dann in den Nachbargärten, und so haben sie dann nach und nach ihren Radius erweitert. Ich meine, sie haben davon profitiert, sie sind sehr früh selbständig gewesen. Gleichzeitig brauchte ich mir aber nicht den Vorwurf zu machen – vielmehr machen zu lassen –, ich sei nicht für die Kinder da. Ich war die ersten Jahre – bis der Kleine drei Jahre alt war – immer zu Hause. Allerdings habe ich auch diese Jahre sinnvoll genutzt. Meinen Haushalt habe ich so nebenbei mit der linken Hand gemacht – natürlich konnte man bei uns nie „vom Fußboden essen"! Und dann habe ich mir die Zeiten, in denen die Kinder draußen waren oder im Bett, zum Selbststudium genommen.

Nein, das war für mich keine Überlastung, ganz im Gegenteil: Für mich war das ein angenehmer Ausgleich. Ich kann mir nicht vorstellen, wie intelligente Frauen die Jahre der Kleinkindererziehung ohne geistige Tätigkeit überhaupt durchstehen. Ich habe sie gebraucht wie mein täglich Brot. Natürlich war ich abends oft müde – aber ich habe diese Müdigkeit, diese körperliche Schlaffheit nicht mein ganzes Leben bestimmen lassen. Wenn die Kinder abends im Bett waren, haben mein

Mann und ich in Ruhe zu Abend gegessen – das war ohnehin werktags unsere einzige gemeinsame Mahlzeit. Manchmal hat mein Mann auch gekocht – und wir haben die Tagesereignisse besprochen. Nicht nur seine – mein Mann ist auch Mediziner und arbeitete damals in einer Klinik in der nächsten Kreisstadt –, sondern auch meine. Da wurde über die Kinder gesprochen, über den Haushalt, über politische Tagesereignisse, über seinen Chef. Danach noch eine Tasse Kaffee, und dann sind wir beide noch für zwei oder drei Stunden unserer Arbeit nachgegangen. Ich habe damals sehr viel Fachliteratur gelesen. Ich wollte noch den Facharzt machen – aber zunächst war ich mir noch nicht über das Gebiet im klaren. Ich hatte sehr viele Interessen, aber ich hatte ja auch Zeit, mich zu entscheiden.

Als der Große in den Kindergarten kam, habe ich für einen Tag in der Woche eine Frau aus dem Dorf ins Haus genommen. Den Kindern war „Tante Anne" aus der Nachbarschaft bekannt – da gab es keine Probleme –, ja, und ich habe den Einstieg über eine Kollegenpraxis im Nachbarort bekommen.

Ich habe nichts dem Zufall überlassen. Das war auch geplant, gesteuert. Das habe ich so gewollt und habe es auch durchgesetzt. Ich habe die Freitagssprechstunden übernommen – auch nachmittags, was sonst dort in dem Ort gar nicht üblich war. Und er hatte ein langes Wochenende. Er war schon Ende Fünfzig und wollte sich so langsam aus der Praxis rausziehen. Im Jahr zuvor war ein benachbarter Kollege von ihm einen Monat nach der Praxisübergabe an einen jungen Kollegen an Herzinfarkt verstorben – das saß ihm tief!

Ja, das hat alles gut geklappt. Ich bin dann auch auf Ärztefortbildungen gefahren, habe Kollegen kennengelernt und die neuesten Diskussionen verfolgt ... ich will's nicht so lang machen ... Ich will Ihnen damit nur sagen, daß man sehr wohl sein Leben planen kann – sowohl beruflich als auch privat.

Natürlich steckt Verzicht dahinter. Ganz klar. Aber ohne Verzicht läuft doch gar nichts im Leben nach Wunsch. Wenn ich ein flottes Auto fahren will, muß ich mich mit Urlaubsreisen einschränken, und wenn ich Kinder und Karriere will als Frau, dann muß ich woanders einsparen. Für uns gab es abends kein Fernsehen und das ganze Kollegen-Schickimicki haben wir auch nicht mitgemacht.

Die Wochenenden haben wir gemeinsam mit den Kindern verbracht, und die Werktage gehörten der Arbeit. Wenn die Menschen so langsam wieder dahin kommen könnten, zwischen Arbeit und Freizeit stärker zu trennen und nicht das eine mit dem anderen zu vermengen – dann wären viele gesünder!

Als der Große sechzehn wurde, bin ich dann voll in die Arbeit eingestiegen. Ich habe jetzt meine Facharztausbildung beendet und will unbedingt an der Klinik bleiben. Das universitäre Arbeiten gefällt mir sehr. Ich habe damals dem Klinikchef sehr präzise meine Vorstellungen dargelegt. Ich wollte auch fort vom Image ,Hausfrau kehrt frustriert und ahnungslos für ihre letzten Lebensjahre in den Beruf zurück!' Ich habe ihm gesagt, was ich will, was ich plane, daß ich möglichst bis Fünfundsechzig an der Klinik bleiben will, und ich habe ihm eine Aufstellung all meiner Aktivitäten der letzten Jahre überreicht: Vertretungen, Fortbildungen ... Ja, das hat ihm schon imponiert. Dahinter stand Engagement und Wille – das ist ihm deutlich geworden. Solange wir Frauen die Kinder kriegen – haben wir es natürlich sehr viel schwerer. Und aufzuholen ist das letztlich nie.

Aber man darf eben nicht beim Jammern und Lamentieren haltmachen. Das ist das, was die meisten Frauen in unserem Alter noch nicht begriffen haben! Sie verstecken sich zwanzig Jahre lang in Ehe und Kindererziehung, und dann jammern sie, daß nichts mehr für sie möglich ist. Dann beginnen krampfhafte Umschulungsversuche, oder aber sie bleiben gleich mit dauerhaften psychosomatischen Beschwerden auf der Strecke.

Privilegiert? Ich mag dieses Wort inzwischen gar nicht mehr! Ich hab's einfach zu oft in den letzten Jahren gehört! Ja, *heute* sind wir privilegiert. Mein Mann Professor, meine Söhne beide im Studium, ich nun auch fest im Sattel. Aber das hat uns keiner geschenkt. Wir haben beide sehr viel und sehr hart dafür gearbeitet. Und von zu Hause aus? Mein Vater ist im Krieg geblieben, ich kann mich gar nicht an ihn erinnern. Meine Mutter war mit Einunddreißig Witwe und hat sich und mich mit Büroarbeiten durchgebracht. Wissen Sie, es ist nicht immer nur das Geld – bei uns war es mehr die Haltung und das Vorbild. Meine Mutter hatte eine Büroausbildung – ich weiß gar nicht, wie sich das damals nannte. Was Tolles war es nicht – aber sie wollte ja auch unbedingt früh heiraten. Als dann mein Vater nicht wiederkam, da hat sie alle Energie zusammengenommen und hat gearbeitet.

Nein, ich gehörte wahrlich nicht zu den privilegierten, und ich habe auch schon als Schülerin nebenbei gearbeitet. Ich bekam Taschengeld, und wenn ich Sonderwünsche hatte, mußte ich sie mir selber erfüllen, selber erarbeiten. Natürlich hat das meinen ganzen Lebensstil geprägt.

Natürlich – es hätte vieles schiefgehen können. Ich will damit auch gar nicht sagen, daß jeder Wunsch in Erfüllung geht und daß jede Planung durchsetzbar ist. Aber ich meine, daß jede Planung auch Alternativen beinhalten muß, auf die man zurückgreifen kann. Wenn das eine nicht geht, dann geht das andere. Nur starr darf man eben nicht sein – so wie kleine Kinder: Wenn ich *das* nicht bekomme, dann will ich gar nichts! Dann hat man zum Schluß nichts!

Alter planen? Ich habe mein Leben geplant. Ich kann doch nicht erst mit Fünfundvierzig anfangen, mir Gedanken zu machen, wie es weitergehen soll. Leben ergibt sich doch aus allen Lebensaltersstufen, Alter ergibt sich aus Jugend und Erwachsenenleben. Ich kann deshalb auch den Slogan von der zweiten Lebenshälfte der Frauen nicht akzeptieren. Er wird ja sehr stark von der Wiedereingliederungsdiskussion für Frauen geprägt. Es ist doch nicht so, daß erst die ersten fünfundvierzig Jahre kommen, dann kommt eine große Neuorientierung, Überlegung, Planung, der große Umbruch ... und dann marschiert man in die zweite Hälfte – die ja dann gar keine mehr ist, denn wer wird schon neunzig?

Ich würde eher sagen, wir dürfen überhaupt nicht so stark

auf dieses Alter abheben mit der Diskussion. Für mich wäre wichtig, den Frauen zu vermitteln, daß sie nicht die große Pause einlegen, nur weil sie ein oder zwei Kinder haben. Da müssen Frauen endlich anfangen, egoistisch zu denken – auch die Kinder werden es ihnen durch Selbständigkeit und Akzeptierung der Mutter danken. Was leben die Hausfrauen ihren Kindern denn für ein Frauenbild vor?

Nein, ich möchte nicht mißverstanden werden: Wer dieses Leben unbedingt will – okay. Aber dann bitte auch nicht das jahrelange Gejammer, wie ich es tagtäglich bei Patientinnen erleb': Da bekommen sie keinen Einstieg mehr in den Beruf – klar, nach fünfundzwanzig Jahren! Und da will sie keiner, und da können sie nichts, und niemand liebt sie – wo sie doch so schön die Kinder großgezogen haben! Wenn eine dann sagt: Na ja, Sie Frau Doktor, bei Ihnen ist das ja was ganz anderes, dann erzähle ich aus meinem Leben – obwohl ich Beruf und privat sonst getrennt halte.

Pannen? Ach, vielleicht hat sich das alles so glatt angehört! Nein, das war es auch bei uns nicht! Wir haben auch lange Durststrecken hinter uns und Ehekrisen natürlich auch. Aber wir waren uns beide einig – wir wollten *unsere* Ehe und *unsere* Familie, und keiner von uns wollte jemals ernsthaft die Familiengemeinschaft verlassen. Wir waren uns auch immer darüber im klaren, daß wir unsere hohen beruflichen Pläne nur durch *gemeinsames* Durchstehen erreichen konnten. Einfach? Nein, das war es nie. Unser Jüngster hatte einen schweren Verkehrsunfall und war lange, lange krank. Unser Großer ging in der Pubertät Wege, die uns fast verzweifeln ließen. Dann starben die Schwiegereltern kurz hintereinander – da hatte mein Mann eine sehr schwere Zeit.

Ja, möglich – vielleicht wäre vieles auch ganz, ganz anders gelaufen … möglich. Mein Mann hätte früh sterben können oder wir hätten drei Kinder bekommen oder gar keine – mein Gott, das ist doch klar. Aber das kann doch nicht bedeuten, daß man nicht plant, nicht wünscht und nicht auf etwas gezielt zuarbeitet. Abweichungen sind immer möglich. Aber dafür gibt es auch Alternativen, Ähnliches, Verwandtes –

vielleicht auch was ganz anderes. Dafür braucht man Offenheit, Flexibilität und ganz viel Neugierde auf das, was das Leben sonst noch bereithält.

Wie ich mir mein Alter vorstelle? Ich glaube nicht, daß es für mich eine Zäsur gibt – auch nicht durch Verrentung oder Pensionierung. Das wird – so hoffe ich – nahtlos gehen. Ich bin heute schon sozial und politisch engagiert, da wird sich vieles ausbauen lassen. Ich werde nie mit den Händen im Schoß vor dem Fernseher sitzen und auf einen Anruf meiner ungetreuen Kinder warten.

Enkel? Ja, warum nicht? Und wenn sie mich besuchen, werde ich mich sicher freuen. Aber damit rechnen? Planen kann und will ich nur für mich – ich kann und darf andere Menschen nicht für mein Leben verplanen!"

Tips zur Planung

Beherzigung

Ein Mensch, der sich zu gut erschienen,
Als Vorstand dem Verein zu dienen,
Und der, bequem, sich ferngehalten,
Die Kasse etwa zu verwalten,
Der viel zu faul war, Schrift zu führen,
Kriegt einst der Reue Gift zu spüren.
Sein sechzigster Geburtstag naht –
Wo schreitet wer zur Glückwunschtat?
Tut dies am Ende der Verein?!
Nur für ein unnütz Mitglied? Nein!
Kein Ständchen stramm, kein Festprogramm,
Auch kein Ministertelegramm,
Kein Dankesgruß der Bundesleitung
Und keine Zeile in der Zeitung.
Wird etwa gar dann sein Begräbnis
Ihm selbst und andern zum Erlebnis?
Sieht man dortselbst Zylinder glänzen?

Schwankt schwer sein Sarg hin unter Kränzen?
Spricht irgendwer am offenen Grabe,
Was man mit ihm verloren habe?
Entblößt sich dankbar eine Stirn?
Läßt eine Hand im schwarzen Zwirn
Auf seinen Sarg die Schollen kollern
Bei Fahnensenken, Böllerbollern? –
An seinem Grab stehn nur der Pfarrer
Und die bezahlten Leichenscharrer.
Der Mensch, der dies beschämend fand,
Ward augenblicks Vereinsvorstand.
(aus: Eugen Roth: Ein Mensch)

Die folgenden Anregungen stammen von meinen Gesprächspartnerinnen. Es sind Anregungen, die sie selber in die Wirklichkeit umgesetzt haben, aber auch solche, die sich „damals"
nicht haben umsetzen lassen, die seinerzeit nicht gedacht wurden, die die Frauen aber aus heutiger Sicht anders sehen würden. „Wenn ich heute in deinem Alter wäre …", so begannen
manche Gespräche über Zielsetzungen und ihre Realisierung.

Bemerkenswert war allerdings, daß viele alte Frauen nicht
geplant hatten – auch wenn sie heute dringend aus ihrer Sicht
dazu raten. Es ist aber nicht nur das „Nachher ist man immer
klüger", sondern es waren die Verhältnisse, die dermaßen an
die Gegenwart banden, daß Zukunft von untergeordneter Bedeutung war. „Ich habe so mit dem Alltag zu tun gehabt, daß
ich an ein Morgen nicht denken konnte!" – „Ich habe damals
immer nur gedacht: Kommt mein Mann noch aus der Gefangenschaft oder nicht!? Natürlich habe ich es so tief gehofft,
und ich konnte mir eigentlich nicht vorstellen, daß er auf immer fort bleiben sollte. Ich konnte mir mein Leben ohne ihn
einfach nicht vorstellen! Wie hätte ich da planen können?"

„Geplant? Ja, habe ich! Ich habe neben meiner Berufstätigkeit meinen ersten Beruf als Hobby wiederaufgenommen, um
zu probieren, ob ich es im Alter noch können werde. Ich habe
schnell gemerkt, daß es nicht mehr gehen wird – ich hatte die
Nerven nicht mehr. So habe ich bewußt umgesattelt. Privat?

Da war nichts zu planen. Als ich so alt war wie du jetzt, war gerade eine jahrelange Liebe zu Ende, und dann bekam ich Krebs. Da plant man nicht, da versucht man zu überleben!"

Geld ist nicht alles ...

... aber ohne Geld ist alles nichts! Wenn eine große deutsche Bank in ganzseitigen Anzeigen fragt: „Wer will schon leben wie ein Rentner?" und anschließend ein „Vorsorgekonzept" anbietet, hat sie sicher nicht ganz unrecht! Abgesehen davon, daß unsere Generation nicht weiß, wie es einmal um die Renten bestellt sein wird (ein Berufstätiger wird für zwei Rentner aufzukommen haben – vor sechzig Jahren kamen noch acht Berufstätige auf einen Rentner!), ist die Rentenfrage für Frauen noch viel brisanter als für Männer!

Frauen haben im Durchschnitt einen niedrigeren Rentenanspruch: Sie haben oft eine geringere Berufsqualifikation, haben sehr viel geringere Aufstiegschancen (die eine Handvoll Frauen in Führungspositionen sollten uns dafür nicht blind werden lassen!). Sie haben oft eine kürzere Lebensarbeitszeit durch Kinderpause, und viele von ihnen gehen sehr viel eher „in Rente" als die Männer: im Durchschnitt fünf Jahre!

Bei Frauen ergeben oft erst zwei Renten zusammen ein auskömmliches Einkommen, z.B. die Witwenrente und eine eigene Versichertenrente aus früherer Berufstätigkeit.

Auf alle Fälle müssen Frauen jeder Altersstufe sich von der Illusion lösen, daß die Ehe die beste Lebensversicherung ist und daß auch ohne eigene Berufstätigkeit über den Mann (Ex-Mann, verstorbenen Mann ...) Rente in ausreichender Höhe bezogen werden kann.

Die (Un-)Sitte, sich bei Eheschließung die eingezahlten Rentenbeiträge zurückerstatten zu lassen, hat in den letzten zwei Jahrzehnten weitgehend nachgelassen (auch darin liegt der Grund für niedrige Renten bei Frauen über Siebzig; die Ehe

galt als lebenslange Versorgungseinrichtung, und die Renten-
anwartschaft wurde für den Erwerb von Küchenmöbeln, Gardinen und Federbetten aufgekündigt!).

„Alterssicherung – ohne Gewähr"...

... ist eine empfehlenswerte Broschüre des Niedersächsischen
Frauenministeriums – die *alles* Wissenswerte über Rechte,
Pflichten, Zeiten, Anträge ... und über das kommende Ren-
tenrecht ab 1992 bzw. 1995 enthält – speziell für Frauen und
kostenlos!

Frauen ab Ende Zwanzig zu sagen, sie müßten an ihre spätere Rente denken, versetzt uns ältere immer in die Position
von ausschließlich sicherheitsorientierten Fossilien, die vom
freien, lustigen, unbeschwerten Leben nichts verstehen. Selbst
manche Mittvierzigerinnen sind nicht frei von dieser Einstellung; möglicherweise haben sie die Grundideen deutschen
Rentenrechts noch nicht durchschaut (in diesem Fall emp-
fiehlt sich oben genannte Lektüre!).

Mit 40 bis 45 Jahren sollten Frauen sich bei ihrer Rentenversicherungsanstalt (BfA oder LVA) erkundigen, welche Ansprüche bis dato erworben wurden, ob alle Papiere ordnungsgemäß
und alle Krankheits- und Ausfallzeiten korrekt registriert sind.
Nach fünf oder zehn Jahren lassen sich fehlende Unterlagen
noch leichter beschaffen als kurz vor dem Rentenantrag nach
dreißig Jahren, wenn die Firma nicht mehr existiert oder Unterlagen verlorengegangen sind. In vielen Fällen ist es sinnvoll,
eine Rentenberatungsstelle aufzusuchen, um zu klären, ob
und welche Verbesserungen noch vorgenommen werden können oder müssen.

Die Bundesversicherungsanstalt unterhält für diesen Zweck
in der Bundesrepublik 15 „Informationszentren", und
1850 „Versichertenälteste" beraten kostenlos in allen Renten-
angelegenheiten.

Kurzsichtiges Sparen

Bei Frauen – und insbesondere bei denen, die nach der Kinderphase wiedereinsteigen, – macht sich ein Trend breit, der oberflächlich sowohl für Arbeitgeber wie für Arbeitnehmer vorteilhaft erscheint: neben niedrigerem Gehalt werden vom Arbeitgeber Sachleistungen übernommen, wie z. B. das private Telefon, ein Wagen der Arbeitsstelle zur freien Nutzung oder Zuschüsse für eine Urlaubsreise ...

Bei oberflächlichem Hinsehen haben die Frauen dadurch erhebliche Vorteile: Alle Leistungen zusammen ergeben ein höheres „Gehalt", *und* zusätzlich werden Steuern gespart. Die Arbeitnehmerin bekommt „mehr auf die Hand", aber aufgrund ihres niedrigen Bareinkommens zahlt sie auch niedrigere Sozialversicherungsleistungen, die ihre spätere Rente empfindlich senken können. Auf solcherart kurzsichtige Geschäfte sollte keine Frau sich einlassen, nur weil sie den momentanen Vorteil im Auge hat.

Als Alternative wird geraten, den Arbeitgeber stattdessen eine Lebensversicherung abschließen zu lassen – oder in eine bestehende einzuzahlen. Für diesen Zweck gelten Höchstwerte, die zu erfragen wären. Derzeit liegen sie bei monatlich 250,– DM. Eine *Lebensversicherung* kann nicht nur „zwischendrin" beliehen werden, sondern bietet auch ein sanftes Polster beim harten Sturz ins Rentneralter!

Das schnelle Geld

Auf derselben Linie liegt eine Regelung, die von vielen Frauen sehr gerne in Anspruch genommen wird: Frauen, die „nur ein wenig hinzuverdienen wollen, um eigenes Geld in Händen zu haben", arbeiten unter zwanzig Wochenstunden! Diese Regelung hat nichts mit einer Arbeitszeitverkürzung zu tun, sondern bedeutet, daß der Arbeitgeber keine Sozialversicherungsleistungen für seine Arbeitnehmerin abzuführen braucht. Es werden keinerlei Rentenansprüche erworben. Frauen, die sich für besonders schlau oder schlitzohrig halten, haben auch schon mal zwei oder sogar drei Arbeitsstellen „unter zwanzig Wochenstunden". Sie arbeiten soviel wie ganztags Angestellte – stellen sich mit dieser Entscheidung jedoch selber eine Zukunftsfalle: Das ganze Leben lang hart gearbeitet und keine oder nur eine minimale Rente! Der einzige Ausweg ist dann auch hier: Abhängigkeit von der Sozialhilfe!

Gegen diese Regelungen müssen Frauen individuell (durch Publikmachung und Verweigerung) wie auch kollektiv (durch gewerkschaftliches Arbeiten), wie auch parteipolitisch angehen. Die scheinbar humane Arbeitszeitregelung, die den Kindern die Mütter beläßt und dennoch für hinzuverdientes Geld sorgt, ist asozial für die einzelne Frau wie auch für den Staat. Der Staat sollte Interesse daran haben, die Zahl der älteren Sozialhilfeempfängerinnen schon im voraus zu senken! Durch das (zunehmende!) Überangebot an billigen Arbeitskräften werden Frauen in eine Konkurrenzsituation getrieben, deren zukünftige Folgen sie nicht abschätzen können.

Der schnelle Verzicht

Ein Drittel aller geschiedenen Frauen lebt von Sozialhilfe!

Unterhalt nach Scheidung kann verlangen, wer gemeinsame Kinder erzieht, arbeitslos ist oder wegen Alter oder Krankheit keine Arbeit findet!

Diese Regelung existiert seit der Scheidungsreform von 1977. Wenn Frauen während der ganzen Zeit der Ehe und Kindererziehung über nicht berufstätig waren, sondern für Haushalt, Kinder, Schule, Mann zuständig waren, haben sie nur noch sehr geringe Chancen, wieder in ihren Beruf einzusteigen (falls sie einen hatten, bevor sie die Familie gründeten). Frauen mit schwachen Nerven lassen sich in Scheidungsvorverhandlungen vom Ehemann und seinem Rechtsanwalt oft sehr schnell einwickeln „des lieben Friedens willen" und „weil man sich der Kinder wegen doch auch in Zukunft noch in die Augen sehen können muß"! „Irgendwie" würden sie schon klarkommen – mit Hilfsarbeiten, Halbzeitjob, Heimarbeit –, wenn die Kinder erst mal aus dem Haus seien! Diese Frauen sind in den Betrieben die ersten, die gehen müssen – und es ist eine Frage der Zeit, ab welchem Alter sie nicht mehr „genommen" werden! Haben sie dann in der Scheidung auf ihre Unterhaltsansprüche verzichtet, bestehen kaum noch Möglichkeiten, vom ehemaligen Ehemann Geld in Notzeiten zu bekommen. Uninformiertheit oder falsche Rücksichtnahme bedeutet für die meisten dieser Frauen: *Armut im Alter!*

Ehe- und Hausfrauen haben (wenngleich meist freiwillig und zeitweilig wohl auch gerne) ihren Männern den Haushalt geführt (ohne Haushälterinnengehalt). Sie haben seine Kinder erzogen (ohne Erzieherinnengehalt!) und haben ihm somit den Rücken für seine Karriere freigehalten. Die tägliche Heimkehr ins gemachte Nest ist für viele Männer überhaupt erst die Voraussetzung dafür, daß sie Karriere machen können und meist auch noch ohne Einschränkungen ihren Hobbies nachgehen. Die Arbeit der Männer lag außerhalb des Hauses, die der Frauen innerhalb – erstere bezahlt, zweitere unbezahlt, nur gegen Naturalien. Beide haben somit eine „Zugewinngemeinschaft" gelebt und in sie durch Arbeitsstunden eingezahlt. Der Ehepartner, der den Haushalt führt, erfüllt damit seine Unterhaltspflicht gegenüber dem anderen Partner!

Mit „Liebe" hat diese Tätigkeit nichts zu tun: Lieben kann frau ihren Mann, auch ohne Wäsche zu waschen und Gemüse vom Markt zu holen. Von zehn oder zwanzig Ehejahren, in denen die Frau „Liebe für Arbeit" bekam (wenn überhaupt!), kann keine Ex-Ehefrau im Alter leben!

Einmal die Zähne zusammenbeißen, einmal Stärke zeigen (auch wenn sie nicht existiert!), einmal fest bleiben in Verhandlungen, einmal sich zur Durchsetzung der eigenen Interessen entscheiden kann für eine Frau bedeuten: ein Leben im Alter (und vor der Verrentung) ohne Abhängigkeit vom Staat, mit etwas mehr finanziellem Spielraum als bei der Sozialhilfe, mit etwas mehr Bewegungsfreiheit und Großzügigkeit.

Die Rente des Ehemannes, die er während der Ehejahre durch seine Berufstätigkeit erworben hat, wird im Scheidungsverfahren ebenso aufgeteilt: Der „Versorgungsausgleich" regelt die Ansprüche, die die Ehefrau später an seine Rente stellen kann.

„Stricken kann ich auch als alte Frau noch!"

... Das hat kürzlich eine Frau von Anfang Vierzig gesagt, als sie mir stolz ihren kleinen Ein-Frau-Strick-Betrieb vorstellte. Sie hatte sich nach Ehescheidung „emanzipiert" und selbständig gemacht, ohne sich versichert zu haben. Ihre Idee: Stricken ist etwas, was mir mein Leben lang bleibt. Hübsche Strickwaren werden immer gefragt sein.

Ich habe ihr daraufhin ein Erlebnis erzählt (leider ohne großen Erfolg, wie ich später erfuhr), das meine Einstellung zur Alterssicherung geprägt hat:

Als junge Sozialarbeiterin mußte ich eines Tages einen Hausbesuch bei einer alten Dame machen, die Sozialhilfe bezog. Sie fiel in jeder Beziehung aus dem Rahmen unserer Klientel, und sie erzählte ihre Geschichte detailliert: Sie war die Witwe eines ursprünglich sehr wohlhabenden Zahnarztes, der eine ausgezeichnet „gehende" Praxis führte und einen exclusiven Bungalow im Prominentenviertel besaß. Er verdiente sehr gut, sorgte für die Zukunft jedoch nicht vor. Er wollte arbeiten – so betonte er stets –, bis er tot am Behandlungsstuhl zusammenbrach!

Nun fiel er jedoch nicht tot um, sondern mit einem Schlaganfall, von dem er sich nicht wieder erholte. Krankenhaus und Pflegeheim zehrten sehr schnell erst die Praxis und dann den Bungalow auf – beides wurde weit unter Preis verkauft.

Als er starb, war alles verbraucht – und die ehemals wohlhabende Zahnarztgattin mußte sich hilfesuchend an das Sozialamt wenden ...

Nicht jede Wunscherfüllung, jede Planung ist gleichzeitig auch zukunftweisend. Selbst wenn die ganze Zukunftssicherung sehr „bürgerlich" anmutet und gar nicht in die „Alternativszene" paßt, selbst wenn sie zunächst einen Verzicht erfordert (Abgaben, Beiträge ...), ist sie unerläßlich.

Darauf zu vertrauen, daß meine Hände schon irgendwelche Arbeit finden werden, die mich bis an mein Lebensende ernährt, halte ich für schlicht naiv. Was ist, wenn die Hände (die Augen, der Kopf ...) „nicht mehr wollen"? Was ist, wenn meine Ware (Gestricktes, Genähtes, Modeschmuck, Lederwesten ...) einfach nicht mehr gefragt ist?

Sich der staatlichen Vorsorge anzuvertrauen bietet doch eine gewisse Sicherheit – und wenn's noch geht, kann man immer noch Mohair-Pullover entwerfen und Spiegelscherben zu Ohrgehängen verarbeiten!

Sparen ja – aber wie?

Wie eine Rente durch langfristige Planung aufgebessert werden kann, weiß heute jeder geschulte Vermögensberater in Bank und Sparkasse (kostenlos und unverbindlich!). Ein guter Berater hat viele Tips und Tricks (legale!), mit denen auch aus einer bescheidenen Summe etwas mehr gemacht werden kann.

Jede Frau, die heute nicht nur „von der Hand in den Mund" lebt, kann sich auf ihr Bugdet maßgeschneiderte langfristige Geldanlagen vorschlagen lassen.

Ob es sich um eine einmalige Anlage handelt oder ein kontinuierliches Aufeinanderhäufen von Gehalts- und Haushaltsresten zu vorher abgesprochenen Konditionen („Kleinvieh macht auch Mist!") – ein Zukunftspolster(chen) läßt sich allemal anlegen. Für den Neubeginn im Rentenalter, einen Umzug, eine lange Reise, eine Mietvorauszahlung, neue Einrichtung, ein halbes Jahr Urlaub auf der Lieblingsinsel wird es immer reichen – oder für die Übergangszeit, bis die Rente errechnet und ausgezahlt wird. Wer früh genug beginnt (und möglichst gesund ist), hat auch noch gute Chancen, von einer *Lebensversicherung* aufgenommen zu werden, wobei auf progressive Steigerung zu achten ist, damit die Inflation zum Auszahlungszeitpunkt nicht schon die Hälfte aufgefressen hat.

Sich-Einkaufen

Viele von uns werden im Alter die Wohnung wechseln müssen: Ich merke es immer nach längeren grippalen Infekten, wie schwer mir die fünf Stockwerke fallen und der inzwischen fehlende Kaufmann um die Ecke! Wie meine alte Mutter früher ziehe ich schon heute mit meinem „Marktroller" in den nächsten Stadtteil zum Supermarkt. Daheim angekommen, stehe ich vor den fünf Stockwerken ohne Fahrstuhl wie der „Ochs vorm Berge" und erklimme sie dann sehr mühsam – um oben festzustellen, daß dieses kaum zu bewältigende Gewicht an Eßwaren kaum für drei Tage ausreichen wird. Mit Fünfundsiebzig werde ich das nicht mehr können – es sei denn, ich trete bis dahin einem Seniorensportclub bei und mache mit Siebzig noch mein Goldenes Sportabzeichen!

Unsere Wohnungen werden zu groß geworden sein oder zu hoch liegen, schwer mit öffentlichen Verkehrsmitteln zu erreichen oder in einer „gefährlichen" Gegend. Wahrscheinlich werden sie aber ganz einfach zu teuer geworden sein!

Wer für das Wohnen eine gewisse Sicherheit erwerben will, kann sich in manchen Seniorenheimen oder -stiften durch eine einmalige Zahlung „einkaufen". Er hat dann den Vortritt beim Einzug – und das Geld bleibt ihm bzw. seinen Erben erhalten. Mit diesem „arbeitet" das Heim lediglich (manche rechnen kleine Teilsummen auch auf den monatlichen Beitrag um).

Auch die kleinere, im Parterre- oder Fahrstuhlhaus gelegene Eigentumswohnung ist (mit Gehalt, kleinen Raten und Bausparvertrag) heute noch bezahlbar. Bis zu einem möglichen Umzug in dieses Altersdomizil kann sie vermietet werden und damit einen Großteil der Unkosten wieder einbringen.

Kleine Erbschaftsanteile (angeblich sind wir die Generation, die das große Erbe der fleißigen Nachkriegseltern antritt!) sind ebenfalls auf diese Weise gut, sicher und Alter sichernd angelegt.

Wer jedoch auf das alles verzichten zu können glaubt, der plane seinen Lebensabend wie die Grille in der Fabel von der

Grille und der Ameise: Während die Ameise den ganzen Sommer über eifrig Vorräte sammelt und schuftet, zirpt und musiziert die Grille lediglich – und steht im Winter dann „ganz ohne" da. Wenn die fleißige Ameise ihr nicht hilft, wird sie verhungern und erfrieren.

Ein bißchen Grille und ein bißchen Ameise

Mich hat diese Fabel schon von Schulkindesbeinen an geärgert – gehörte ich doch immer zu den Ameisen, die ihre Hausaufgaben allmorgendlich den nur zirpenden Grillen liehen! Ich habe zwar den Sinn der Story verstanden: auch einmal alles Sorgen zu lassen, nur fröhlich zu sein, in den Tag zu leben – der liebe Gott wird's dann schon richten. Ich fand und finde das nach wie vor verlockend – aber wenn nun alle nur Grille sein wollten?

Eine alte Frau, die ein sehr aktives Leben geführt hat – wenngleich mit vielen Problemen und Härten und Verlusten –, gab als einen Rat „an euch Junge": „Arbeitet nicht nur. Lebt auch. Schafft euch Erlebnisse und Erinnerungen! Du glaubst gar nicht, wie tief und wie lange man zehren kann von einmal gehabten Begegnungen, von Reisen, von fremden Kulturen! Wenn du dann nicht mehr kannst, wenn du an dein Haus oder sogar nur noch an dein Bett gefesselt bist, dann lebst du in deinen Erinnerungen. Jedes Buch, das du in die Hand nimmst, bedeutet dir ein Stück deines Lebens! Denk an Pompeji. Es ist ein so unvergleichlicher Ort, so voller Leben und Geschichte und Mysterien. Wenn du eines Tages nicht mehr kannst, dann nimmst du die Bücher zur Hand, und dann hast du alle Erinnerungen wieder vor Augen. Dann reist du noch einmal – aber doch ganz anders, wenn du alles schon einmal mit eigenen Augen gesehen hast. Wenn du dort durch die Hitze geschlichen bist, wenn du Steine entdeckt hast, die aus zweitausend Jahren zu dir sprechen. Und sucht euch Menschen, sucht euch Begegnungen, an die ihr euer Leben lang denken mögt ..."

Und dann erzählte sie von Menschen aus den dreißiger Jahren, die ihr Leben geprägt haben und für die sie noch heute dankbar ist.

Bei manchen Alten, die glauben, nicht genug „gelebt" zu haben, zeigt sich ein zwanghafter Nachholbedarf, der für die Umwelt dadurch peinlich wirkt, weil alles exzentrisch, übertrieben, hektisch und nicht selten mit vorgetäuschter Jugendlichkeit betrieben wird:

– sei es die ständig neuen Eroberungen auf sexuellem Gebiet,
– sei es das hektische Reisen (vor dem Tod noch die Welt kennenlernen!),
– sei es jede Form von unechten und unehrlichem Überschwang,

der nichts anderes zeigt als ein nicht akzeptiertes Leben, dem jetzt noch Glanz verliehen werden soll.

Vielleicht ist es möglich, Grille und Ameise zu kombinieren: das Leben zu leben als Grileise oder Amille: zu arbeiten und Vorsorge zu treffen für den Winter – in Pausen aber zu zirpen, zu singen, zu musizieren und dem kommenden Leben den Glanz einer gelebten Vergangenheit zu schaffen?!

Das Zeit- und Kontakt-Konto fürs Alter

Über eine ganz neue Form, sein eigenes Alter vorzubereiten, berichtete im Herbst 1990 der „Stern" (42/90). Es handelt sich um ein Modell für Altenpflege in den USA, das ein Jura-Professor ins Leben gerufen hat. „Service Credit" heißt es und funktioniert nach dem Motto: „Gib jetzt und profitiere später." Senioren/innen helfen gebrechlichen Mitmenschen und bekommen ihre Arbeitsstunden auf einem „Zeitkonto" gutgeschrieben. Das Durchschnittsalter der Betreuten liegt bei achtzig Jahren, das der Betreuer bei fünfundsechzig. „Mit Fünfundsechzig sind die meisten Leute noch fit, aktiv, gesund. Doch die Gesellschaft behandelt sie wie lebende Tote. Ein Riesenpotential wird nicht genutzt."

Wird der Helfer später selber hilfsbedürftig, kann er seine Guthabenstunden vom Zeitkonto abbuchen, d. h., er kann dieselbe Stundenzahl für sich selbst durch Helfer in Anspruch nehmen!

Auch das ist nicht nur Altersgestaltung, sondern Vorbereitung aufs Alter! Hier wird ein (Zukunfts-)Konto eröffnet und gefüttert, das für alle aktiv und passiv Beteiligten Geldersparnis, Kontakte, sinnvolle Beschäftigung und insbesondere Sicherheit für Zeiten bietet, in denen die Alternative nur noch „Heimunterbringung" heißen würde. „Für Dinge wie einkaufen, zuhören, zum Arzt fahren und die Wohnung putzen … kann man doch keine ausgebildete Pflegekraft in Anspruch nehmen. Aber das sind genau die kleinen Alltagsschwierigkeiten, die einen alten Menschen im Heim enden lassen!"

Bedenkens- und nachahmenswert auch für unser Land – selbst wenn dieses System „nur" auf „Treu und Glauben" basiert. Interessierte Mittvierziger könnten hiermit einen Meilenstein in der Geschichte von Ehrenamt und Altenhilfe setzen!

Freunde in der Not …

Aus eigener Erfahrung des Alters ging der Rat vieler alter Frauen in die Richtung: Schaffe und erhalte dir Freunde! Was mich erstaunt hat, war – auch bei sehr aktiven und positiven Frauen – der Tenor: Handle aus deiner jetzigen Position der Stärke, suche Freunde, solange du etwas anzubieten hast. So scheinen sich die alten Frauen doch „minderwertiger" und schwächer zu fühlen, als es oberflächlich den Anschein erweckt. Oder aber sie sind gar nicht schwach, sondern nur realistisch: Der Marktwert der Frau sinkt von Jahr zu Jahr, und Freunde „erwirbt" man eben nicht im Zustand von Schwäche, sondern ist (nur) dann interessant, wenn man selber zunächst etwas einzubringen hat!

Auf die spätere Wohnsituation sprachen im Zusammenhang mit Freundschaften viele Frauen an. Für die meisten dieser Generation kam die „WG" im engeren Sinne nicht in Frage – wohl aber die Möglichkeit und Notwendigkeit, eng beieinander zu wohnen: im Nebenhaus, „nur um die Ecke", zumindest im selben Stadtteil und zu Fuß zu erreichen. „Freunde im gleichen Haus" war für viele das Optimale. Agnes sah es sehr pragmatisch (wie überhaupt Sentimentalitäten und Illusionen zu dieser Generation nicht zu gehören scheinen!):

„Wenn ihr das Zusammenwohnen früh genug macht, hat jeder noch die gleichen Chancen! Jeder kann ebenso krank und gebrechlich werden wie der andere. Das weiß man vorher nicht. Das wird vom Schicksal verteilt. Ist einer aber erst mal hilfsbedürftig, dann findet er kaum noch gesunde Menschen, die zu ihm ziehen wollen. Das Verhältnis ist dann nicht mehr so ausgewogen wie vorher, wenn jeder Hoffnung haben kann, davonzukommen wie, daß es ihn trifft und die anderen dann sorgen!"

Auch die folgenden Brief- und Diskussionsausschnitte bedürfen keines Kommentars.

„Schafft euch Freunde! Ihr könnt mit eurem Beruf und euren Karrieren alleine kein Leben gestalten. Ihr müßt eure Freunde *jetzt* suchen und finden, wenn es euch gutgeht. Da könnt ihr nicht für euch alleine leben und später erwarten, daß sich alle Welt um euch kümmert!"

„Bittet um gut Wetter bei den nachfolgenden Generationen. Fahrt früh genug Sympathien in die Scheuer! Was ihr heute in Kinder und Enkel investiert, zahlt sich später aus."

„Du mußt um Freunde werben, solange du selber noch was anzubieten hast! Ja sicher hört sich das nach Marktwirtschaft an – aber in der leben wir nun mal. Du kannst nicht erst mal die Gesellschaftsordnung nach deinem Gusto stricken, nur damit dich später jemand ganz selbstlos liebt. Die Liebe zu uns Alten müssen wir uns erarbeiten. Dann kommt sie auch und bleibt. Aber für nichts kriegst du nichts. Es muß alles von dir ausgehen. Du kannst nicht auf andere warten. Da wartest du wahrscheinlich umsonst! Das ist etwas, was deine Generation nicht mehr gelernt hat: immer nur haben und kriegen, aber nicht geben wollen. Ihr geht nicht mehr den ersten Schritt. Ihr sitzt da und wartet, was an euch herangetragen wird. Und wenn keiner kommt, seid ihr gekränkt. Natürlich bietet dir das keine Garantien. Liebe kannst du nicht erzwingen. Und wenn du dich von vornherein nur um andere kümmerst, bloß damit sie dich später noch beachten, wirst du Schiffbruch erleiden. Das ist unecht, und das kommt auch so an! Aber du wirst ja wohl auch für andere sorgen mögen, ohne Berechnung?"

„Kümmere dich nicht nur um Alte, die sterben dir weg, und dann stehst du ohne jemanden. Wie in der früheren Großfamilie braucht der Mensch eine bunte Mischung aller Generationen, und wie in der alten Großfamilie gehören dazu nicht nur die Familienangehörigen. Die Fixierung auf die biologische Zusammengehörigkeit ist etwas Fatales in unserer Zeit. Sie *muß* in die Vereinsamung führen. Durch die Kleinfamilie steht man sich oft so nahe, daß man sich nach einiger Zeit nicht mehr ertragen kann. Es bedarf des Abstandes einer Freundschaft, die Alter mittragen läßt. Die Blutsbande sind es nicht, die Liebe und Verpflichtung schaffen!"

„... *Die Rümpfe rollend, Knie beugend* ..."

So reimte Eugen Roth, „ganz zweifellos wirkt kräftezeugend". Die „Turnerschaft" erzeugt jedoch nicht in erster Linie Kraft, sondern – richtig angewendet – erhält oder erneuert die Beweglichkeit.

Wenn es heißt: „Der Mensch ist so alt wie seine Gelenke", dann hat das Bedeutung für den gesamten Alterungsvorgang. Erst die Unbeweglichkeit schafft einen großen Teil der Altersprobleme: Auszug wegen der Unmöglichkeit, die Treppen zu bewältigen; Schwierigkeiten beim Hausputz, beim Bücken und Steigen; die Probleme, abends ins und morgens aus dem Bett zu kommen (Pflegeheim!), und die Strapazen beim Anziehen der Strümpfe, weil der Rücken sich so weit nicht mehr beugen läßt.

Es ist die mangelnde Beweglichkeit, die dem Menschen sein Alter am drastischsten vor Augen führt, ihn mancher Kontakte beraubt und sowohl direkt (Schmerzen) als auch indirekt (Isolierung) zu einem rapiden geistig-seelischen Verfall führen kann! Ohne regelmäßige Bewegung an frischer Lust ist gleichzeitig die Durchblutung der Gliedmaßen und des Gehirns gestört – mit allen psychosozialen Folgen!

Seniorensport ist nicht zu unterschätzen – aber die Sportausübung *vor* dem Seniorenalter ist ungleich wichtiger! Wer krumm im Rücken und steif in den Knien ins Alter geht, wird auch durch Seniorensport nicht mehr fit! Für steifgesessene Schreibtischtäter (wie mich) ist es vorbereitend oft schon angezeigt, bei einer guten Masseurin/Bademeisterin/Krankengymnastin ... alle quietschenden und knarrenden Gelenke und alle verhärteten Muskeln geschmeidig und weich zu kneten und zu klopfen und erst danach mit einem gezielten Prä-Seniorensport zu beginnen!

Wer in den ersten fünfundvierzig Jahren seines Lebens keinen Leistungssport betrieben hat, sollte ihn nun auch nicht mehr beginnen. Ausschlaggebend ist die Regelmäßigkeit und die Geselligkeit der Gleich-Steifen.

Es gibt heute kaum noch einen Sport- oder Schwimmverein, eine Volkshochschule, Familienbildungsstätte, ein Fitneß-Studio ..., die nicht gesondert Veranstaltungen für versteifte Mittvierziger anbieten: Ausgleichsgymnastik für Frauen über Fünfzig, Wirbelsäulengymnastik, Schwimmen für Jung(!)-Senioren und Wandergruppen für alle Altersstufen ... (Sogar „Gehirnjogging für Jung und Alt" habe ich in einem Programm gefunden – aber das spielt sich sicher im Sitzen ab!?)

Daß parallel zu einem Sportprogramm spätestens mit Mittelalter die Ernährungsgewohnheiten gesichtet werden müssen, ist eine Binsenweisheit. Im Grunde weiß schon eine jede von uns, wo sie in bezug auf Ernährung ihre „Leiche im Keller" hat! (Meine liegt im Süßigkeitenfach des Kühlschrankes!)

Reisetanten

Zum Reisen (älterer) Frauen habe ich Ideen gesammelt, die ich selber durch Anschauung als gelungen bezeichnen kann. Wer nicht wie Frauke am liebsten solo die norwegischen Fjorde im Frühwinter umrundet, hat zahlreiche Möglichkeiten, Reisen so zu gestalten, daß sie nicht zum einsamen Frauenalptraum werden.

Ich kenne Frauen, die über viele Jahre einmal jährlich ein festes Urlaubsdomizil anlaufen. Sie sind dort bekannt und werden deshalb vom Personal umsorgt. Der *Dauergast* wird (fast) überall besser behandelt als der durchreisende Schnelltourist – selbst wenn er weiblich ist! – und vor allem dann, wenn er sich nicht mit Minderwertigem abspeisen läßt: dem Katzentisch gleich neben der Klotür oder dem Notquartier zwischen Treppenhaus und Fahrstuhlschacht.

Ich kenne Frauen, die sich mit anderen, zu denen das ganze Jahr über allenfalls loser Briefverkehr besteht, an festen Standorten treffen – mit getrennten Unterkünften, aber allen Möglichkeiten der gemeinsamen Unternehmung!

Reisegruppen können, müssen aber nicht kleinkarierter Billigtourismus sein. Vor allem wenn sie themenzentriert sind (Wanderwoche, kunsthistorische Reise, Radwandern, Schlössertour ...) kommt weniger Einsamkeit auf – aber auch weniger Verdacht, daß frau nichts anderes sucht als Anschluß.

Über Frauenbuchläden kann man Adressen von Frauenmitreisezentralen erfahren, sowie Programme von Frauenreisen, und in alternativen Frauenzeitschriften finden sich breite Paletten von Aktivitäten im In- und Ausland (es muß ja nicht gleich die Siderische Pendelpraxis oder das makrobiotische Tischerücken sein!).

Wer den Lila-Latzhosen-Klüngel nicht mag, kann über Anzeigen in seriösen Blättern Gleichgesinnte beiderlei Geschlechts suchen – Voraussetzung ist eindeutige Formulierung der Wünsche und Erwartungen. Gelegentlich lassen sich aus den Interessenten auch buntgemixte Kleingruppen zusammensetzen. Initiative lohnt sich – je früher man mit solchen

Methoden beginnt, um so selbstverständlicher werden sie, um so besser gelingt die Auswahl, und um so besser weiß man im Laufe der Jahre, was man wirklich will – oder nicht!

Das „Ausprobieren" von Alltagsfreunden als „Urlaubsfreunde" ist auch eine Möglichkeit, die Kreise zu erweitern. Wenn man bislang immer nur miteinander Karten gespielt oder Radtouren gemacht, getöpfert oder Vokabeln gelernt hat, sich aber doch sympathisch ist, sollte man mit gemeinsamen Wochenenden und Kurzurlauben beginnen, um auszuprobieren, ob größere Reisen miteinander gelingen könnten. (Wenn's schiefgeht, ist wenigstens nicht gleich der Jahresurlaub futsch!). Mich erstaunt immer, wie sehr Ehepaare (!) dankbar für Reisebegleiter/innen sind – alldieweil sie sich nach einigen Jahren meist arg miteinander langweilen. Durch längere Bekanntschaft „daheim" sollte allerdings klar sein, daß frau kein weitergehendes Interesse am kostbaren Ehemann hat – schon alleine die Angst, es könnte so sein, kann einen gemeinsamen Urlaub scheitern lassen. Zu viert, fünft, sechst sind Konflikte leichter zu bewältigen als zu dritt, und es sind immer wieder neue Koalitionen möglich.

Je früher man mit solchen Experimenten beginnt, um so mehr Chancen hat man, sich gegenseitig noch die Ecken und Kanten abzuschleifen, um so länger hat man Zeit, sich *die* Alters-Urlaubspartner auszusuchen und auszuprobieren.

Träume nicht dein Leben, sondern lebe deine Träume

Dem Planen des großen zweiten Lebensabschnittes geht das Wünschen voraus. Die (größere) Hälfte des Lebens ist gelebt – sie kann rückschauend besichtigt werden. Die zweite, etwas kleinere Hälfte steht noch bevor: Wie will ich sie leben? Nicht alles ist (mehr) möglich, aber doch noch vieles, wovon frühere Frauengenerationen in unserem Alter nicht zu träumen wagten.

Ich habe meinen Träumen nachgesonnen, habe sie sortiert in „vorbei": aus meinem einen Kind lassen sich nicht mehr sechs machen – gottlob! –, und meine große Jugendliebe kriege ich auch nicht mehr wieder, da inzwischen anderweitig vergeben; in „vielleicht" – eine lebenslange Freundschaft ohne Machtkämpfe, dafür aber mit vielen Gemeinsamkeiten, und in „hoffentlich" bis „sicher": eine künstlerische Tätigkeit nach guter Ausbildung (den ersten Brief habe ich schon abgeschickt, während ich dieses Kapitel schrieb!), ein kleines Häuschen in Wassernähe (es muß ja nicht „eigen" sein, und statt Nordsee darf es auch ein kleiner Binnensee sein!) ...

Träume zu leben bedeutet für unser Alter auch, sie ein wenig zurechtzustutzen, damit sie lebbar werden. Für unerfüllbare Träume sind wir zu alt – das sind Kindersachen! Mit den Jahren lernt man einzusehen, daß es das Gelbe vom Ei nicht ist, Kaiserin von China oder wenigstens Bundeskanzlerin zu werden. Daß der große Lottogewinn nicht nur kaum erreichbar, sondern darüber hinaus nicht unbedingt „seligmachend" ist, weiß man mit Mitte Vierzig und nach dem Lesen zahlreicher einschlägiger Zeitungsberichte auch. Und die alles verschlingende, große, einzigartige Liebe hat man möglichst mit Fünfundzwanzig ausgeträumt – um eine weniger verschlingende, mittelgroße, ganz alltägliche, dafür aber um so dauerhaftere leben zu können ...

„... und die Sehnsucht des Kindes erkennt sich allmählich, altert, vergreist ...", ließ Ringelnatz ein Gedicht enden, das ich als 14jährige in mein Tagebuch schrieb. Ich fand dieses die schönsten Zeilen, und ich hätte damals so gerne gewußt, wie eine vergreiste Sehnsucht sich anfühlt. Heute weiß ich es: Sie gibt wehmütige Ruhe und ruhige Wehmut. Sie hat alles ins rechte Gleis gerückt ...

Wer meint, daß es Resignation ist, wenn man im Laufe der Jahre „Bescheidenheit" gelernt hat, ist im Irrtum. In der Erkenntnis, daß es auf der Welt so unendlich vieles gibt, was ich *nicht* haben muß, liegt nicht nur Weisheit, sondern auch eine Gnade des Schicksals, die uns Zufriedenheit beschert.

„Lebe deinen Traum" ist für mich viel „Glück im stillen

Winkel" bzw. im Häuschen am See hinter meiner Radier-
presse. Es ist aber auch das Sich-nicht-Zufriedengeben mit
dem, was Politik uns als Frauen beschert hat, was Politik mit
allen macht, die (scheinbar) wehrlos, weil nicht mehr oder
noch nicht verwertbar sind: Kinder und Alte!

Mein Wunsch ist, noch vierzig Jahre in Aktivität zu leben,
zu arbeiten und zu genießen. Einen Monat vor meiner Verrentung werde ich dieses Buch in die Hand nehmen, um nachzule-
sen, was sich mir in Zukunft alles bieten wird, und wenn ich
mit Sechsundachtzig immer noch nicht tot bin, gehe ich als
große Alte in die Parteipolitik! Als „unwürdige Greisin" werde
ich die Spalten des Polit-Klatsches füllen. Und vielleicht trage
ich dann das Wunsch-Kleidungsstück meiner Jugendjahre:
einen weiten schwarzen Umhang – mit knallroter Seide gefüttert!

Frauen in Zahlen

Zu jedem Thema ist es interessant zu wissen, wie viele Menschen eigentlich von ihm betroffen sind. Im Folgenden gebe ich einige Zahlen wieder, die zum Verständnis der Frauenthematik wichtig sind.

(Quellen: Statistische Jahrbücher und Zahlen der Kommission der Europäischen Gemeinschaft – EG)

(Die Zahlen in Klammern beziehen sich auf die entsprechenden Männer-Daten.)

In der EG leben derzeit 166.229.000 Frauen, das ist ein Anteil von 51,3 % der Gesamtbevölkerung, (157.525.000 / 48,7 %).

Frauen von 40–50 Jahren:	19.658.600	
Frauen über 65 Jahren:	27.270.600	(17.246.200)
davon Frauen über 75 Jahren:	12.880.500	(6.723.300)
davon Frauen über 85 Jahren:	2.667.000	(990.700)

Das bedeutet, daß 22,1 % aller Frauen der EG 60 Jahre und älter sind! (16,0)!

In der Bundesrepublik Deutschland lebten 1988 31.871.800 Frauen, das sind 52,1 % der Gesamtbevölkerung, knapp 20 % von ihnen sind über 65 Jahre alt (15 %), knapp 5 % sind über 80 Jahre alt – das sind rund 1,5 Millionen. 133.000 Frauen haben sogar schon das Alter von über 90 Jahren erreicht!

62,1 % aller 65–69 Jahre alten Menschen sind Frauen, bei den über 85 Jahren alten sind es bereits 74,4 %, d. h. nur noch 25,6 % der Menschen über 85 sind Männer.

Von den rund 6 Millionen „alter Frauen" sind:

ledig	553.600
verheiratet	1.781.900
verwitwet	3.541.200
geschieden	234.100

Die Lebenserwartung der Frauen in der Bundesrepublik Deutschland betrug 1987 77,8 Jahre (71,2) – für den EG-Durchschnitt 78,4 (72,1). Am ältesten werden die Frauen der Niederlande und Frankreichs (jeweils 79,7 Jahre).

Von den über 65 Jahre alten Frauen sind rund 10% ledig geblieben (ihre potentiellen Ehepartner fielen im Zweiten Weltkrieg). In Griechenland beträgt die Quote nur 4,8%, in Irland 23,2%!

Von den Frauen über 65 Jahre sind in der BRD noch immer 2,1% erwerbstätig (5,2% der Männer). 51.000 arbeiten noch „Vollzeit", 72.000 „Halbzeit". Davon sind 18.000 bzw. 30.000 verheiratet!

10.910.000 Frauen sind in der BRD berufstätig, das sind 39% aller Erwerbstätigen. 5,9% arbeiten in der Landwirtschaft, 25,1% in der Industrie und 69% in Dienstleistungsbetrieben (4,3; 50,0; 45,6).

29,8% aller erwerbstätigen Frauen gehen einer Teilzeitbeschäftigung nach, von den verheirateten Frauen sind es 43,9% (2,1).

5,7% aller Frauen in der Bundesrepublik Deutschland kommen aus anderen Staaten: 2,5 aus anderen EG-Staaten, 3,2 aus Nicht-EG-Staaten.

Über das soziale Gefüge, in dem (alte) Frauen leben, sagen diese Zahlen nicht allzuviel aus. So ist es denkbar, daß viele der ledigen, geschiedenen und verwitweten Frauen in neuen Gemeinschaften oder auch bei ihren Kindern leben, so daß sie nicht „alleinstehend" sind. Verheiratete Frauen hingegen leben u. U. über viele Jahre getrennt von ihren Ehemännern, ohne daß eine Scheidung ausgesprochen wird. Im Prinzip können wir aber davon ausgehen, daß zwei Drittel aller Frauen über Fünfundsechzig sozial nicht fest eingebunden sind.

Zitierte und weiterführende Literatur

Backes, Gertrud (Hrsg.): Ausgedient? Lebensperspektiven älterer Frauen. Bielefeld: AJZ 1983.

Beauvoir, Simone de: Das Alter. Reinbek: Rowohlt 1972.

Bürger, Max: Das Alter in der Großstadt, in: Heidelberger Studio: Der Mensch in der Großstadt. 1960.

Donicht-Fluck, Brigitte: Runzlige Radikale. Hannover: Vincentz 1984.

Forster, Margaret: „Ich glaube, ich fahre in die Highlands". Zürich: Arche 1990.

Fülgraff, Barbara / Caspers, Andrea: Frauen um 60. Handreichungen für die Planung und Durchführung von Kursen zur Orientierung und Motivierung. Hannover 1989 (Landesbeauftragte für Frauenfragen).

Gose, Kathleen / Levi, Gloria: Wo sind meine Schlüssel? Gedächtnistraining in der zweiten Lebenshälfte. Reinbek: Rowohlt 1990.

Hervé, Florence u. a.: Kleines Weiberlexikon. Dortmund: Weltkreis 1985.

Hornbogen, Chris: Der Krimskrams. Stuttgart: Herold 1988.

Jung, Gabriele: Leben und Arbeiten im Altenheim. Berlin: Erato-Eigenverlag 1989.

Kollwitz, Käthe: Tagebücher. Berlin: Siedler Verlag 1989.

Krause-Lang, Martha: Nie mehr so schön wie Sulamith. Lust und Last des Älterwerdens. Freiburg: Herder ³1989.

Künzel-Schön, Marianne: Wenn unsere Eltern älter werden. Reinbek: Rowohlt 1986.

Lissner, Anneliese u. a.: Frauen-Lexikon. Freiburg: Herder ²1989.

Masow, Martin: Neu anfangen. München: Kösel 1986.

Presse- und Informationsamt der Bundesregierung: Gemeinsam statt einsam. Politik mit älteren Menschen. Bonn 1990.

Remmler, Helmut: Der Königssohn, der sich vor nichts fürchtet. Mit 40 fängt das Leben an. Zürich: Kreuz 1986.

Schachtner, Christel: Störfall Alter. Frankfurt: Fischer 1988.

Vilar, Esther: „alt". Manifest gegen die Herrschaft der Jungen. München: Herbig 1980.

Zentrale Einrichtung für Weiterbildung der Univers. Hannover: SeniorInnen studieren. Hannover: Uni 1990.

Frauenthemen – Frauenerfahrungen

HERDER / SPEKTRUM